마음의 눈으로
행복을 만지다

김기현의 재활일기

마음의 눈으로 행복을 만지다

김기현 지음

Korea.com

추천의 글 Foreword

아서 E. 델 오르토 | 보스턴대학교 재활상담학 교수

이 책은 시력상실로 자신의 인생이 갑작스럽게 바뀐 저자가 소망을 가지고 고통을 헤쳐나감으로써 한층 더 풍성해진 삶을 누리게 된 자전적 에세이입니다. 김기현 씨는 비록 시력을 잃었지만 고통스런 현실을 이겨나가는 데 필요한 삶의 목적과 비전은 잃지 않았습니다. 그녀는 감당하기 힘든 고난을 소망을 잃지 않고 극복해가면서 우리에게 많은 교훈을 들려주고 있습니다. 저자의 개인적인 경험을 기록한 이 책은 시각장애로 얻게 된 인생의 새로운 관점과 비전을 통해 어려운 장애에도 꿋꿋이 살아가고자 하는 이들을 격려하고 있습니다. 그녀는 누군가가 만약 자신에게 찾아온 시력장애나 생명을 위협하는 만성질병, 갑작스럽고 심각한 중도 장애로 인생이 바뀐 사건 등을 겪게 됐다면 그 사람과 가족은 아주 특별한 맞춤형 여행을 시작하는 것임을 알려줍니다. 이 여행은 계속되는 상실과 도전,

••••••

불확실성과 실망 그리고 예기치 않은 기쁨과 보상의 연속입니다. 또한 끝을 알 수 없는 여행이기도 하지만 중요한 목적지를 향해 가면서 성취감을 얻는 기쁨의 여정이기도 합니다. 김기현 씨는 이러한 질병과 상처, 장애를 견디고 살아가는 사람들, 자포자기, 버림받음, 절망감과 싸우고 있는 사람들에게 삶의 의미를 새롭게 부여해주고 있습니다.

이 책을 읽는 여러분들은 단순히 고통과 상처를 이겨낸 이야기를 넘어 한 개인과 가정이 갑작스럽게 겪게 된 고난과 싸우면서 새로운 삶의 의미를 발견하고 꿈을 성취해가는 감동을 얻을 수 있을 것입니다. 저자는 상실과 아픔에 적응하면서 자신의 소망을 새롭게 하고 창조적인 미래를 개척해가고 있습니다. 이러한 김기현 씨의 삶을 통해 질병과 장애를 가진 사람들과 그 주변의 사랑하는 가족들이 어렵고 힘든 고난에도 꿈을 향해 한걸음씩 성취해가는 지혜를 얻을 수 있길 바랍니다. 그녀의 이야기는 장애와 질병으로 고통스런 현실 속에 있는 모든 이들에게 진정한 소망과 감동을 느끼게 해줄 것입니다.

시각장애도 다른 장애와 중병처럼 우리가 경험하는 많은 일들 속에서 있을 수 있는 일입니다. 한 개인의 장애와 질병은 온 가족에게 큰 아픔이지만, 자신을 변화시켜가며 뜻밖의 상실에 적응하고 이겨내는 과정은 자신과 가족들을 크게 성숙시켜줍니다. 특히 인생의 중요한 변화를 경험하고 있는 사람들에게 의미 있는 메시지를 전달해줍니다. 다시 한 번 강조하자면 이 책은 갑작스럽게 찾아온 변화로 낯선 환경을 살게 된 사람들에게 새로운 미래를 만들어갈 수 있는 소망을 주고, 인생의 새로운 기회를 만날 수 있는 참신한 아이디어와 관점을 제공하는 내용을 담고 있습니다. 김기현 씨는 자신의 이야기를 통해 우리 모두에게 특별한 선물을 전달해주고 있습니다. 이 선물은 우리가 아무리 힘들고 어려운 환경 중에 있을지라도 더 나은 미래에 대한 소망이 있다는 것을 기억하게 해줍니다.

김기현 씨가 시력을 잃기 전까지 그녀는 찬란한 미래를 위한 꿈과 목표를 가진 학생이었습니다. 12년이 지난 오늘, 그녀는 어머니이자 아내이고, 가족과 친구들의 도움으로 더욱 빛나는 미래를 일구어낸 대학원생입니다. 이 책에 담긴 메시지를 통해 그녀와 비슷한 여행길을 가고 있는 사람들이 자신의 삶에 대한 새로운 시각과 비전을 발견하는 데 큰 도움이 되기를 바랍니다.

■ ■ ■ ■ ■

The Best is yet to Come: Ki Hyun's Story on Her New Journey

Arthur E. Dell Orto, PhD, CRC

Program Director and Professor of Rehabilitation Counseling,

Sargent College of Health and Rehabilitation Sciences, Boston University

Associate Executive Director,

Center for Psychiatric Rehabilitation, Boston University

This book is about surviving, hoping, and enriching one's life in spite of a very severe life-altering experience that resulted in the loss of the author's sight but not her clarity of thought, purpose, nor vision of what could and should be for people who have been challenged by life's uncertainties. Ki Hyun Kim discusses how a person and their family can develop resilience and hope in spite of a multitude of daily, and often overwhelming, challenges. Written from the perspective of the author's personal experience, it explains that while dealing with her blindness and other disability-related changes in her life, Ki Hyun worked very hard to create the opportunity to gain a new perspective on what is currently happening to her and her family, and to create a vision for current and future generations of people living with, and in spite of, their blindness and other disability experiences.

Ki Hyun states that with the onset of life-changing events, such as her blindness—or for others, the diagnosis of a chronic life-threatening illness—or the occurrence of a sudden, severe disability, each person and their family is launched on a very special, personalized journey. This journey is a sequence of ongoing losses, challenges, uncertainties, disappointments, and unexpected joys and rewards. It is a journey that may not have a foreseeable end, but one that can have a meaningful destination and perhaps long-lasting satisfactions. The message of this book attempts to create meaning for people living with illness, loss, disability, and dealing with feelings of desperation, abandonment and hopelessness.

This insightful book goes beyond the trauma experience and attempts to lead the reader to a better understanding of the effort required to attain personal and family adjustment, meaning, and fulfillment. The author emphasizes the need to create a future that may never have anticipated, but one that can provide a renewal of a person's hope for the future while adjusting to the loss and sorrow of what may have been. By sharing her personal story, Ki Hyun provides insights that give people living with illness and disability, and those who love them, ideas about how to make progress and fulfill dreams during this most challenging journey. Her story contributes additional perspectives on how to cope with a disability or

■ ■ ■ ■ ■

illness experience and sends a message of hope and inspiration for others who have made or are still making this journey.

Blindness and other severe illness or disabilities occur in the context of a growing and changing web of interpersonal relationships. Disability and illness are family affairs. How a person negotiates this journey of adjustments to change unexpected losses can influence their life, and that of each family member, and can even have an impact on the treatment and rehabilitation process and outcome for the person who is undergoing major life changes. Again, this book is intended to provide refreshing ideas and perspectives on hope and opportunity for shaping the future for all those whose lives have been altered and often improved by unexpected changes. By sharing her story Ki Hyun gives us all a gift. That gift is the realization that no matter how overwhelming, challenging, and difficult a situation is, there is always hope for a better or different future. Prior to her blindness experience Ki Hyun was a young person with dreams and aspirations for a bright future. Today, twelve years later, she is a mother, wife, and graduate student who has created, with the help of her family and friends, a brilliant future. Hopefully, the messages contained in this book will be helpful to all those who are engaged in a similar journey and create a new perspective and vision for what can be in spite of what often is. Yes, the best is yet to come!

이재서 | (사)세계밀알 총재, 총신대학교 사회복지학과 교수

꽃이 따로 없습니다. 이 책은 바로 꽃입니다. 향기가 깊고 영롱한 색채가 장미보다도 아름다운 꽃, 하나님을 사랑하고 세상을 사랑하는 마음으로 아름답게 살아온 삶이 꽃처럼 진한 향기로 이 책에 가득 담겨 있습니다.

저자를 만난 지가 얼마 되지 않았지만 몇 년 전에 처음 저의 연구실을 찾아왔던 저자의 첫 인상을 생생히 기억합니다. 밝고 청아한 목소리에 조용히 본인의 이야기를 해오는 저자를 보면서 마치 어린 시절 보았던 푸른 가을 하늘과 해맑은 꽃 한 송이를 보는 듯하였습니다.

무엇보다도 저자의 마음과 생각 속에 흐르고 있는 깨끗한 영혼을 느낄 수 있어서 참 즐거운 만남이었습니다.

중도 실명의 역경을 딛고 현재의 위치에 서기까지의 저자의 삶은 분명히 독자들에게 큰 감동과 은혜를 안겨줄 것입니다.

■ ■ ■ ■ ■

이영길 | 보스턴한인교회 담임목사

김기현 자매님으로부터 추천사를 부탁받고 나서 저는 곧 유대인
속담 하나가 생각났습니다.

"하나님은 이야기를 좋아하셔서 세상을 창조하셨다."

저 나름대로 각색해보았습니다.

"하나님은 이야기를 좋아하셔서 인간을 창조하셨다."

사실 김기현 자매님이 보스턴한인교회에 첫 발을 디딘 날, 저는
금세 이분은 놀라운 이야기의 주인공임을 느낄 수 있었습니다. 한
편 이 자매님은 어떤 이야기를 지닌 분인지 궁금한 생각이 들었습
니다. 오래지않아 자매님의 이야기를 들을 수 있었습니다.

갑작스런 의료사고로 실명하였고 그 후 어느 교수님의 정성어린
사랑으로 주님을 영접하게 되었고 이제는 같은 시각장애인들을 위
해 삶을 헌신하고자 보스턴대학교에 유학을 온 것이었습니다. 더 이
상 자세한 이야기가 필요 없었습니다. 이미 자매님은 멋진 이야기
의 주인공이 되어 있었고 또한 새로운 이야기를 창조하기 위해 이곳
으로 오신 것입니다. 그 후로 주일날마다 찾아오는 김기현 자매님의

발걸음은 우리 교회에 큰 축복이었습니다. 아름다운 이야기 주인공의 발걸음은 많은 주위 사람들에게 큰 위로와 기쁨과 도전이 되었습니다. 물론, 강단에서 설교하는 저에게는 두 말할 나위가 없었습니다.

자매님의 의연한 자태에서는 언제나 참된 자신의 가치를 찾은 행복감과 아울러 이웃을 향한 사랑이 넘쳐흐르고 있었습니다. 이 사랑은 특히 시각장애인들을 향한 눈물 어린 사랑이었습니다. 자신이 얻은 행복감과 이웃을 향한 사랑은 늘 새로운 이야기를 만들어 가는 원동력임을 자매님은 말없이 가르쳐 주고 있었습니다.

이번에 행복과 사랑의 아름다운 이야기의 주인공인 김기현 자매님의 글이 우리 보스턴한인교회뿐 아니라 세상 여러 이웃들과 함께 나누게 되어 너무나도 감사했습니다. 자매님의 이야기를 통해서 참 행복과 참 사랑의 이야기에 우리 함께 푹 빠져봅시다.

■ ■ ■ ■ ■

김정주 | 연세대학교 교수

"마음의 눈으로 행복을 만지다"가 출판되어 참으로 기쁩니다. 저의 소중한 제자인 기현이를 처음 만난 것은 "성서와 기독교" 수업을 가르치던 2000년 봄 학기였습니다. 어느 날 기현이는 연구실을 찾아와서 의료사고로 대학 1학년 때 실명했다가 어렵게 복학했으니 수업을 잘 따라갈 수 있게 도와달라고 부탁했습니다. 그 후 기현이가 쉽게 이해할 수 있도록 수업과 제자훈련모임에서 복음의 핵심을 학생들과 함께 전했습니다. 예수님이 우리 죄를 용서하시려고 2,000년 전에 십자가에서 죽으셨고 사흘 만에 다시 살아나시고 승천하셔서 하늘과 땅의 모든 권세를 가지고 다스리고 계심을 들려주었습니다. 그래서 이제 우리가 그리스도를 믿기만 하면, 모든 죄를 용서받고 하나님 자녀가 되어 하나님 나라를 상속받게 됨을 강조했습니다. 기현이는 이 복음의 핵심을 믿음으로 기쁘게 받아들였고 그 학기 중에 다니던 교회에서 세례를 받았습니다.

그리스도를 믿은 후부터 기현이의 삶에 인간의 상상력을 뛰어넘는 하나님 아버지의 사랑의 역사가 일어났습니다. 실명하여 흑암 가

운데 있던 그가 빛 되신 그리스도를 만나 영적인 눈을 새로 떴을 때
그 감격스러워하는 모습은 주위 사람들에게 실로 놀라운 기쁨을
안겨주었습니다. 절망에 사로잡혔던 그가 졸업 후 아시아 장애인 선
교사역을 설계했을 때는 진로를 고민하던 친구들까지 큰 용기를 얻
는 것을 보았습니다. 그가 믿음으로 새롭게 변화되고 나서, 간구하
는 것마다 모두 응답받는 것을 보고 먼저 믿은 친구들이 회개하며
새롭게 기도에 열심을 내게 되었습니다.

이 책을 읽는 분마다, 기현이처럼 예수님을 믿고 구원받아 복음
을 전하게 되기를 기도드립니다.

"주 예수를 믿으라. 그리하면 너와 네 집이 구원을 얻으리라."

(사도행전 16:31)

프롤로그 Prologue

모든 어둠을 물리친 빛을 만나다

한 소녀가 있었습니다. 그 소녀는 공부를 좋아해서 원하던 대학에 우수한 성적으로 입학할 수 있었지만 실상은 아는 것이 거의 없는 철부지였습니다. 고통이 무엇인지 아픔이 무엇인지 전혀 알지 못했습니다. 가난하고 소외된 자들을 알지 못했으며 외로움과 수치가 어떤 감정인지도 알지 못했습니다. 오직 자기 자신만 알고 자신만 위할 줄 아는 이기적이고 평범한 소녀였습니다.

어느 날 예기치 못한 순간, 그 소녀에게 커다란 사고가 생겼습니다. 그 사고로 소녀는 온몸을 움직일 수 없었고 말도 못할 뿐만 아니라 앞을 볼 수 없는 장애인이 되었습니다. 갑작스럽게 닥친 불행 속에서 소녀는 울부짖고 원망하였습니다. 서서히 친구들이 멀어져 갔습니다. 그녀는 비로소 외로움이 무엇인지 알게 되었습니다. 불편한 몸이 되어 길을 다니다 보니 사람들이 민망하게 쳐다보고 혀를 끌끌 찼습니다. 그녀는 자신의 장애가 수치스러웠습니다.

그러던 어느 날, 그 소녀는 어떤 분을 소개받게 되었습니다. 그분은 모든 것을 하실 수 있는 분이었고 그녀가 당한 모든 고통과 슬픔을 이미 다 경험하였다고 말씀하셨습니다. 소녀가 마음의 눈을 들어 그분을 보았을 때, 그분은 온몸이 채찍질로 피투성이가 되어 있었습니다. 머리에는 가시관을 쓰고 아주 무거운 십자가를 등에 지고 힘겨운 걸음을 한발 한발 내딛고 계셨습니다. 그녀가 당한 고통과는 비교도 안될 만큼 괴롭고 고통스러운 고난을 묵묵히 감내하시는 그분을 보고 그녀는 깜짝 놀랐습니다. 그녀가 느낀 수치감과는 견줄 수 없는 커다란 수치와 함께 사랑하는 제자들로부터 배신까지 당하는 참을 수 없는 고통과 고독을 겪고 계셨습니다.

그녀가 그 고통의 이유를 물었을 때 그분은 그녀와 모든 죄인들의 죄를 사랑으로 용서하기 위해 그러한 고난을 대신 감당한다고 하셨습니다. 그분이 당한 모든 고통으로 우리의 아픔을 치유해주려고 십자가를 지셨다고 말씀하셨습니다. 소녀는 전에 알지 못했던 자신의 죄와 교만함을 알게 되었고 모든 것을 용서하신 그분을 믿고 전적으로 의지하게 되었습니다. 그제야 그녀의 진짜 눈이 보이기 시

・・・・・

작한 것입니다!

이제 결혼을 하여 30살이 넘은 그녀는 다시 그분의 고난을 묵상합니다. 그 못 자국 난 손으로 그녀를 일으켜 세워주시고 그녀의 눈물을 닦아주신 한없는 사랑을 생각합니다. 자신을 채찍질하고 십자가에 못 박은 죄인들을 용서하시는 숭고한 사랑을 묵상합니다. 참기 어려운 고난 가운데서도 겸손히 '아버지의 원대로 하옵소서.' 하고 기도하시던 그분의 모습을 그려봅니다.

          - 2007년 미국에 발을 디딘 후 예수님의 고난을 생각하며 쓴 글

저는 미래의 부푼 꿈으로 희망에 가득차야 할 대학 새내기 시절에 사고로 두 눈의 시력을 잃고 전신이 마비되는 아픔을 겪었습니다. 말로 다 형용하지 못할 극심한 좌절과 슬픔 속에서 저를 비롯한 우리 가족은 눈물과 한숨으로 세상을 원망하지 않을 수 없었습니다. 그러던 중 저는 참된 안식과 새로운 삶에 대한 희망을 발견하였습니다.

하루하루 제게 소망을 주시는 그분 안에서 놀라운 축복과 사랑을 경험하면서 저는 나날이 회복되어 갔고, 비록 갑작스런 1급 시각장애인의 모습이 되었지만, 한국에서 대학과 대학원을 잘 마칠 수 있었습니다. 그리고 너무나 감사하게도 착하고 건강한 배우자를 만나 현재 미국으로 유학 와서 장애인 복지를 향한 꿈을 가지고 공부하고 있습니다.

불과 10여 년 전 사고 당시에 아무도 상상하지 못한 놀라운 기적들이 그분 안에서 매일매일 성취되고 있는 것입니다. 저는 갑작스럽게 얻은 시각장애를 현실로 받아들이고 슬픔을 새로운 삶을 향한 도약으로 극복할 수 있는 힘을 얻었습니다. 그 과정에서 선하고 건강한 남편을 만났고 예쁜 아들 예승이의 엄마가 되었으며 새로운 비전도 얻었습니다. 그리고 가장 놀라운 일은 비록 두 눈을 잃는 아픔을 겪게 되었지만 제 안에서 새로운 눈이 열려 천국을 소망하는 큰 축복을 얻은 사건입니다.

실명 후 길다면 길고 짧다면 짧은 지난 12년 동안 제가 겪은 놀라운 변화들을 정리하면서 그동안 경험한 은혜와 사랑을 하나둘 추억하며 전해드리고자 합니다. 부족한 글이지만 제 책이 저와 같은 중도장애의 아픔을 겪으셨거나 좌절 중에 계신 많은 분들께 희망과 용기를 북돋아드리는 선물이 되기를 간절히 기도합니다.

나의 신앙의 어머니이자 출간을 끝까지 격려해주신 연세대학교 김정주 교수님께 감사드리며 책임편집을 맡아주신 황교진 선생님과 수고해주신 모든 분들께 감사드립니다. 그리고 사랑하는 부모님, 언니들, 신랑과 함께 오늘도 저를 위해 눈물로 기도하시는 시부모님께 사랑과 존경의 마음을 올립니다.

김 기현

차 례 CONTENTS

추천의 글 • 5

Arthur E. Dell Orto_보스턴대학 재활상담학 교수 | 이재서_(사)세계밀알 총재,
총신대학교 사회복지학과 교수 | 이영길 _보스턴한인교회 담임목사 | 김정주 _연세
대학교 교수

프롤로그 _모든 어둠을 물리친 빛을 만나다 • 16

CHAPTER 1 • 어느 날 갑자기 시작된 고난

나의 전부를 바꿔버린 사고 • 29

꿈 많은 새내기 여대생에게 닥친 갑작스런 사고 | 죽음의 문 앞을 오가며 | 꿈인가
현실인가 | 중환자실에서의 고통 | 회복되리란 희망

재활 치료 • 41

중환자실에서 일반병실로 | 0세 영아로 돌아간 19세 여대생 | 아, 엄마의 지극정
성 | 자장면 대신 자장두부 | 한 걸음 한 걸음 걸음마를 떼며 | 희비의 쌍곡선

실명 선고 • 52

청천벽력 같은 실명 판정 | 시각장애인이란 낯선 명칭 | 의료사고에 대한 소송 결
심 | 만 8개월 만에 집으로 퇴원 | 일본과 중국, 미국에서 시력 회복을 기대했지만

나의 도움은 어디에서 오나 • 63

시력 회복을 위해서라면 | 무모하고 얼토당토 않는 치료까지 | 우상을 믿는 이들의 거짓과 교만함

나의 도움은 그분에게서 • 69

실명에 대한 실감과 기각된 의료소송 | 우울증, 자살 충동 | 시각장애인 판정을 받다 | 삼십만 배 절을 올렸지만 | 만물의 시작은 어디에서? | 오늘 다시 태어나는 거야

CHAPTER 2 • 내가 만난 생명의 빛

다시 일상 속으로 • 81

1급 시각장애인으로 장애등록 | 기초재활훈련 | 4년 만의 복학 | 학교 기숙사로 거처를 옮기고 | 불문과에서 철학과로 전공을 바꾸다

무덤에 드리운 생명의 빛 • 91

시각장애인 교회에 출석하다 | 나의 삶을 변화시킨 수업 | 도와달라고 울부짖으며 | 아픔과 상처를 내려놓고 | 혼돈에서 빛으로

빛과 함께 거닐며 • 97

첫 기도 응답 | 기적 같은 치유 | 특별한 사랑과 함께 한 대학졸업

빛으로 들어가게 하신 분의 뜻을 좇아 • 104

점자와 흰지팡이 보행훈련 | 시각장애인복지관에서 만난 외국인 중도 실명자 | KBS 제3라디오 '김기현의 재활일기' 방송 | 아픈 감정을 나누면서 받은 치유의 선물

기도 응답과 하나님의 축복 • 113

재활훈련 후 시각장애인교회를 섬기며 | 사랑하는 시각장애인 가족들 | 한국맹
인교회에서 정안인 배우자를 만나다 | 누가 장애인 아내와 결혼할까? | 감동적인
결혼식 | 남편의 헌신적인 도움 | 화기애애한 시댁 가족들과 함께하는 행복 | 안
성맞춤, 일등 신랑에게 감사하며

장애인을 돕기 위한 비전을 향해 • 132

특수교육 대학원에 진학 | 동남아 장애인들의 비참한 현실 | 필리핀 교도소의 진
정한 예배 | 장애인복지에 대한 나의 비전 | 전액 면제 영어학원이 있다니 | 기현이
의 유학 준비를 도운 일등공신들 | 장애인의 직업을 둘러싼 사회문제 | 보스턴대
학 입학허가서와 장학금 수여

CHAPTER 3 • 보스턴 일기

미국 유학 첫 번째, 장애인에 대한 이해와 배려 • 151

미국 언어연수 학원의 장애인에 대한 각별한 배려 | 감동의 롱펠로우 생가 견학 |
미국과 한국의 시각 차이 | 함께 존중하고 인정하며 사는 사회

미국 유학 두 번째, 전 과목 A를 맞은 외국인 시각장애인 • 157

보스턴대학 재활상담학 | 장애학생에 대한 탁월한 서비스 | 인턴기관에서 | 보스
턴대학 입학생 가운데 최고의 성적을 거두다

미국 유학 세 번째, 기현이가 엄마가 된대요 • 163

아기를 주실 것이라는 믿음 | 드디어 임신! 최고의 임신 기간 | 남편의 극진한 보살핌 | 시각장애인 재활기관, 캐롤센터에서 | 친절하고 강하고 크신 팔에 의지하여 | KBS 제3라디오 '김기현의 재활일기' 마지막 방송분

미국 유학 네 번째, 풍성한 만남의 축복 • 176

축복의 예언 | 사랑의 공동체 보스턴한인교회에서 만난 분들 | 존경하는 보스턴대학교 오르토 교수님 | 〈지선아 사랑해〉의 이지선 씨 | 세계기독여자절제대회 참가

CHAPTER 4 • 재활일기와 사랑하는 나의 가족

김기현의 재활일기 • 185

점자는 어려워 | 기현이의 독서법 | 용감한 기현이 버스타기 | 자원봉사, 이렇게 해주시면 고맙겠습니다 | 안내견 보리와의 만남 | 뒤집어진 이야기 | 나를 감동시킨 선생님과 편견 | 점자블록은 생명길이에요! | 기현이에게도 문자를 보내주세요! | 시각장애인들과 밥을 먹을 땐 이렇게 | 영어학원에 다시 등록하다 | 시각장애인의 능력과 미래 | 시각장애인에게 불편한 물건과 환경

남편의 편지_사랑하는 나의 아내에게 • 213

에필로그_마음의 눈 • 216

CHAPTER 1

어느 날 갑자기 시작된 고난

나의 전부를 바꿔버린 사고

재활 치료

실명 선고

나의 도움은 어디에서 오나

나의 도움은 그분에게서

길어야 한 달 정도 지나면 깨끗하게 회복되어
병원을 나가게 될 것이라고 믿었습니다.
그러나 그 한 달이라 믿었던 시간이
평생의 시간으로 연장되어
장애인의 삶을 스스로 받아들여야 할 줄은
조금도 예상하지 못했습니다.

나의 전부를 바꿔버린 사고

꿈 많은 새내기 여대생에게 닥친 갑작스런 사고

저의 모든 삶을 바꿔놓은 그 사고는 1994년 연세대학교 불어불문학과에 입학했던 새내기 시절에 일어났습니다. 수능시험이 처음 실시되던 해였는데 감사하게도 전국 석차 1퍼센트 안에 들게 되었습니다. 특차에 뽑혀 본고사도 면제받고 원했던 학교와 학과에 입학하여 대학 생활을 시작하게 된 저는 세상 그 무엇도 부럽지 않았습니다. 생기발랄한 여대생 새내기로 다른 친구들처럼 미팅도 하고 MT도 다니고 선배들과 학회활동도 하면서 자유와 즐거움을 만끽했습니다. 그야말로 꿈 많은 대학 첫 학기를 설렘 속에서 보내던 중 어느덧 한 학기가 끝나고 여름방학이 시작되었습니다. 하지만 희망에 부풀었던 대학 생활이 그 한 학기가 전부가 될 줄은 아무도 몰랐습니다.

여름방학 시작과 동시에 저는 턱 부정교합 수술을 받았습니다. 어렸을 때부터 이유 없이 한쪽 턱이 심하게 아프고 음식을 먹을 때

✽ 1994년 연세대학교 입학

마다 소리가 나곤 했습니다. 증상이 심하면 두통도 심했고, 질긴 음식을 먹다보면 관자놀이 근처가 붓기도 해서 대학에 입학한 후 치료를 받고자 했는데 병원 진단을 받아보니 수술을 해야 한다는 것이었습니다. 부모님께서는 전신마취를 해야 한다는 의사의 설명을 듣고 펄쩍 뛰시며 수술을 강하게 반대하셨습니다. 그러나 저는 오랫동안 턱 때문에 고생을 하여 수술을 반대하시는 부모님을 설득해서 결국 수술을 받게 되었습니다.

그 수술로 인해 저와 우리 가족의 운명이 180도 뒤바뀌게 될 줄 누가 알았을까요? 수술 당시 의료진의 실수로 구강 내 출혈이 심하게 발생했는데 잘 처리하지 못하여 그만 출혈이 기도를 막아 약 3분간 질식 상태에 빠지는 큰 사고가 발생했습니다. 그 결과 저는 수술 후 전신마비와 실명이라는 갑작스런 장애를 입게 된 것입니다. 의료진은 초기에 이 사실을 사소한 일쯤으로 가볍게 여기고 가족들에게 알리지 않았습니다. 질식 상태에서 심폐소생과 같은 응급조치를 취했고, 제가 다시 숨을 쉬면서 별 이상이 없는 것 같아 보이자 그대로 붕대를 감아서 회복실로 내보내려 했습니다. 수술실 밖에서 초조하게 기다리시던 어머니는 딸을 보시고 뭔가 예감이 좋지 않으셨습니다. 예상 시간보다 훨씬 초과된 수술 시간도 마음에 걸렸고, 제 얼굴을 감싸고 있는 붕대 밖으로 피가 흥건히 젖어있는 것도 꺼림칙했다고 합니다. 게다가 저를 데리고 나오는 의사와 간호사가 말다툼을 했는데 어머니가 얼핏 들어보니 "이 상태로 어떻게 환자를 수술실에서 내보내느냐, 다시 들여보내라.", "안 된다." 등의 내용이었다고 합니다. 결국 실랑이에서 진 간호사가 저를 회복실로 옮겨주었습니다.

회복실에 온 지 몇 시간 안 되어 저는 의식을 회복했고 TV를 보면서 잠을 청했습니다. 그런데 그때 갑자기 제 온몸이 무섭게 경련을 일으키기 시작했습니다. 벌써 10년도 더 지난 사건이지만 아직도 그날 저에게 발생한 그 일은 쉽게 잊히지 않습니다. 누운 상태로 TV 방송을 보고 있었는데 처음엔 TV 화면이 빨갛게 보이기 시작하다가 빙글빙글 돈다 싶더니 입원실 천정의 전등이 빠르게 회전하며 저를 어지럽게 했습니다. 그리고 곧 제 팔과 다리, 얼굴과 어깨 등 전신이 의지와 상관없이 무섭게 떨려왔습니다. 크게 놀란 어머니는 저를 붙잡고 "기현아! 기현아!" 이름을 부르셨지만 제 몸의 경련은 좀처럼 수그러들지 않았습니다. 마치 보이지 않는 손이 제 온몸을 붙들고 격렬하게 흔드는 듯 고개와 팔, 다리가 무섭게 떨려왔습니다. 놀란 어머니는 비상벨을 눌러 도움을 요청하고 정신없이 제 이름을 부르며 몸을 붙드셨습니다. 어머니가 아무리 강하게 몸을 붙들어도 제가 떠는 극심한 경련은 조금도 줄어들지 않았습니다. 온몸이 쑤시도록 아파왔는데 몸의 경련을 멈출 수가 없으니 너무나 괴롭고 고통스러웠습니다. 나중엔 떨고 있는 어깨와 얼굴, 온몸이 심하게 아프고 무서워서 이러다 죽는 게 아닌가, 겁이 덜컥 들기까지 했습니다. 하지만 그 시간까지도 병실 안에는 환자인 저와 의학지식이 전혀 없는 엄마, 단 둘 뿐이었습니다.

죽음의 문 앞을 오가며

정신을 차렸을 때 저는 어둡고 답답한 관속에 누워있는 기분이었습니다. 처음엔 정말 내가 죽었나보다, 하는 공포가 엄습했습니다. 그러나 곧 귀에 거슬리는 기계음과 함께 수술에 동참했던 레지던트 선생님의 목소리가 들렸습니다. 다급한 소리로 몸을 움직이지 말고 좀 참으라는 내용이었습니다. 그러나 저는 콧속이 답답하고 입이 벌어지지 않아 숨을 쉴 수 없어 몸부림을 멈출 수가 없었습니다. 몸도 마음대로 움직여지지 않았고 보이지 않는 누군가가 제 코와 입을 막고 전신을 움직이지 못하도록 붙잡아 죽이려고 하는 것만 같았습니다. 그때 뇌 사진을 촬영 중이었는데 제 몸부림 때문이었는지 촬영은 중단되었고, 수면제 주사 후 저는 다시 정신을 잃었습니다.

두 번째로 눈을 떴을 때는 중환자실이었습니다. 아주 무서운 악몽을 꾸고 정신을 차렸는데 온몸이 무겁고 정신이 멍했습니다. 제가 의식이 돌아온 것을 확인한 간호사가 바로 의사에게 연락을 취했습니다. 의사들이 달려와 바로 몇 가지 검사를 했습니다. 그 당시 제가 무슨 말을 했는가는 기억이 잘 나지 않습니다. 그러나 분명한 것은 제가 불평 한마디 없이 의사가 내민 크리넥스 휴지통에 쓰인 글씨를 또박또박 읽었다는 점입니다. 의사는 저의 사고 작용에 이상이 없는지 확인이라도 하려는 듯 몇 가지를 더 물어보더니 제 어깨를 툭툭 치며 "기현아, 됐다."라고 말하고 돌아갔습니다.

큰일이 날 뻔했지만 잠정적으로나마 제가 별 이상이 없는 것 같다고 판단한 의사는 다시 저를 일반 회복실로 옮기려 했습니다. 그러나 부모님은 이를 강하게 반대하셨습니다. 질식으로 그렇게 심한 경기를 일으켰고 2차 후유증이 다시 발생할지 아무도 모르는 상태에서 무작정 회복실로 옮기는 일은 위험천만했습니다. 그리고 다음날은 주말과 주일이었기에 응급상황이 발생하면 수습할 의료진이 적은 상황이어서 부모님은 여러모로 우려하셨습니다. 그러나 의사는 막무가내였습니다. 중환자실은 자리도 없고 제가 정신이 말짱하기 때문에 이 상태로 중환자실에 있는 일은 환자에게 공포감만 더해주기 때문에 오히려 회복에 좋지 않다는 것이었습니다. 의사의 강권으로 저는 할 수 없이 일반 회복실로 자리를 옮겼습니다. 그리고 바로 그날이 제가 이 세상의 아름다움을 보았던 마지막 날이 되고 말았습니다.

회복실로 옮겨진 저는 다음날 우려했던 대로 다시 극심한 경기를 일으켰습니다. 그날은 일요일이어서 부모님의 예상대로 병원 내에는 의사들이 많지 않았습니다. 어머니는 응급 호출을 해놓고도 의사와 간호사가 너무나 늦게 나타나 속이 타들어갔고 어떻게 해야 할지 몰라 쩔쩔 맬 수밖에 없었습니다. 두 번째 경기는 처음보다 더 심각했습니다. 훨씬 심하게 경련을 했고 정신도 급속도로 잃어갔습니다. 눈은 의지와 상관없이 돌아갔고 입에서는 거품까지 일어나서 어머니는 정말 이러다 기현이가 죽는구나, 하는 생각에 눈앞이 다 캄캄했다고 합니다.

꿈인가 현실인가

그 후 몇 시간 혹은 며칠이 지났는지 저는 기억이 나지 않습니다. 제가 다시 정신을 차렸을 때는 또 다시 중환자실이었고 그땐 이미 온몸을 움직일 수도 말을 할 수도 없었으며 눈앞도 보이지 않게 되었습니다. 처음엔 제 몸의 상태를 전혀 알지 못했습니다. 그저 처음 중환자실에 갔을 때처럼 기분 나쁜 꿈을 꾸다가 흐느끼며 잠을 깼고, 주변엔 온통 간호사들의 바쁜 목소리와 환자들의 신음소리만 들렸습니다. 제가 눈을 뜨고 정신이 든 것을 확인한 간호사는 의사에게 알렸고, 곧 낯선 의사선생님이 오셨습니다. 그는 자신을 신경외과 의사라고 소개했고, 제가 이제는 더 이상 치과환자가 아니라 신경외과 환자이기 때문에 앞으로는 자신이 담당 레지던트라고 말했습니다. 저는 이것이 내 이야기가 맞나 싶어 좀 어리둥절했습니다. 그런데 더 어리둥절한 일이 벌어졌습니다. 소리 나는 쪽으로 고개를 돌리고 대답을 하려 했는데 마치 누군가가 목을 잡고 있는 것처럼 고개가 전혀 말을 듣지 않는 것입니다. 말을 하려 해도 혀가 빳빳하게 굳어 있어 전혀 움직이지 않았습니다. 저는 당황스럽고 이상해서 몸을 움직여보려 했지만 온몸을 끈으로 묶어놓은 듯 전혀 움직일 수 없었습니다. 게다가 혀는 무기력했고 입술조차 달싹거려지지 않아 한 마디도 할 수 없었습니다.

가장 두려웠던 것은 안개가 낀 것처럼 눈앞이 희미하고 바로 앞에 서 있는 의사의 얼굴이 전혀 보이지 않는 것이었습니다. 소리는 들리지만 볼 수는 없고 몸이 조금도 움직여지지 않으니, 혹시 내가 이미 죽어버린 것이 아닌가하는 생각이 들어 답답하고 당황스러웠습니다. 그러나 그때 신경외과 담당선생님이 오셔서 손전등으로 눈동자 안을 비춰보셨습니다. 눈앞 가까이 눈부신 노란 빛이 보였습니다. 손전등과 선생님의 손으로부터 감지되는 온기까지 얼굴에 느껴지자 저는 조금 마음을 놓을 수 있었습니다. 상당히 뾰족한 것으로 발바닥을 긁었는데 다행히도 그 아픔이 발바닥에서 느껴졌습니다. 선생님은 다시 손가락 몇 개를 눈앞에 대어 보이며 "이거 몇 개예요?"하고 물으셨습니다. 2~3살 난 아이에게 묻는 질문을 대학생에게 묻다니 어이가 없고 자존심이 다 상할 지경이었습니다. 그러나 슬프게도 제 눈은 그 손가락이 전혀 보이지가 않았습니다. 선생님은 손가락을 조금 더 눈앞에 가까이 가져다대며 같은 질문을 반복했지만 저는 이게 손이구나 하는 것도 한참 후에 알게 될 정도로 아무 것도 보이지 않았습니다. 순간 마음이 그만 "쿵!"하고 내려앉고 말았습니다. 이게 꿈인가 생시인가……. 영화에서 배우들이나 하는 대사가 제 머릿속을 맴돌았습니다. 저의 당혹스런 마음을 표현하기도 전에 의사선생님들은 바삐 사라졌습니다. 이게 도대체 무슨 일인지, 왜 앞이 안 보이는지, 왜 말이 안 나오는지, 왜 몸은 전혀 움직여지지 않는지를 물어보고 싶은데 제 옆에는 아무도 없었습니다.

한참 후 치과 담당 레지던트선생님이 오셨습니다. 제가 갑작스런 경기로 의식을 잃었고 상태가 좋지 않지만 곧 며칠 지나지 않아 깨끗하게 회복될 것이라고 했습니다. 그때 그 선생님의 목소리와 어투가 심각하게 들리지 않아 정말 그렇겠지 하는 생각이 들었고 안심이 되었습니다. 지금 돌이켜보면 그 말이 저의 용기를 북돋우기 위해 꾸며낸 선의의 거짓말인지, 아니면 사고 사실을 은폐하고 책임을 면하기 위해 꾸며낸 말인지 혹은 정말 그 선생님이 나의 회복을 100% 확신하고 있었는지 알 수 없습니다. 하지만 제게 그 말은 회복에 대한 희망을 안겨주었습니다. 당시에는 단 한 번도 평생 몸을 움직이지 못하거나 앞을 못 보게 될 것이라고는 생각하지 않았습니다. 길어야 한 달 정도 지나면 깨끗하게 회복되어 병원을 나가게 될 것이라고 믿었습니다. 그러나 그 한 달이라 믿었던 시간이 평생의 시간으로 연장되어 장애인의 삶을 스스로 받아들여야 할 줄은 조금도 예상하지 못했습니다.

중환자실에서의 고통

중환자실 생활은 생각보다 힘들었습니다. 몸은 물론이고 혀조차 움직일 수 없었기 때문에 음식물을 전혀 먹지 못했고 온몸에 꽂고 있는 링거에만 의지하여 견뎌야 했습니다. 그러나 그 링거주사도 한 달여 맞다 보니 양손의 손목과 손등, 팔꿈치 안쪽이 다 헐어서 더 이상 주사를 놓을 곳이 없을 정도가 되었습니다. 그래서 나중에는 발등과 발목에 주사바늘을 꽂고 그것도 여의치 않자 급기야 사타구니 안쪽 약한 피부까지도 혈관이 있는 곳이면 모조리 찾아서 링거를 꽂고 견뎌야 했습니다.

어머니는 하루 두 번 면회시간에만 만날 수 있었는데 제가 온몸에 주사를 맞고 있는 것을 보시면서 너무나 안타까워 하셨습니다. 힘없는 제 몸은 온통 주사바늘 자국과 파란 멍으로 만신창이가 되어갔다고 했습니다. 초점 없는 눈동자로 엄마 얼굴도 알아보지 못하고 말도 못하며 침을 질질 흘리고 있는 딸을 보시면서 엄마는 망치로 머리를 심하게 얻어맞은 기분이었다고 했습니다. "이 모습이 내 딸 맞아? 며칠 전까지만 해도 대학에 들어갔다고 신나하던 애가 왜 이렇게 되었나……. 저 손하고 발은……. 가뜩이나 혈관이 보이지 않아 영양제도 제대로 못 맞는 아이인데……. 저 눈은 내가 정말 안 보일까?"

제 앞에서는 차마 눈물을 보이지 않으려고 노력하셨지만, 중환자실 밖에서는 억장이 무너지는 심정이셨습니다. 늦게 본 막내딸이 그렇게 원하는 대학에 들어가자마자 끔찍한 사고로 움직이지도 못하고 앞도 못 보니……. 너무나 어이없고 절망스런 일이 아닐 수 없었습니다. 엄마는 처절하게 꺾여버린 딸의 미래와 제가 견디고 있을 답답함과 고통을 생각하면서 땅을 치고 바닥을 구르며 통곡하셨다고 합니다.

치과 레지던트 선생님은 사고에 대한 책임감과 미안한 마음에서인지 꽤 자주 제 병상을 찾아오셨습니다. 어머니가 중환자실에 자유롭게 못 들어오시니까 어머니 대신 물수건으로 얼굴에 가득한 땀과 침도 닦아주고 로션도 발라주며 저를 간호해주었습니다. 선생님 자신도 많은 업무로 몸이 열 개라도 모자랄 만큼 바쁜 상황이었을 텐데 하루도 빠짐없이 저를 찾아주었습니다. 재미있는 이야깃거리도 종종 가지고 와서 웃겨주시고, 제가 회복의 의지를 놓지 않도록 곧 좋아질 거란 희망의 말로 위로해주곤 했습니다. 치과 선생님은 제가 머리를 쓰게 하려고 말도 많이 시켰는데, 저는 움직일 수 있는 곳이라곤 눈꺼풀뿐이어서 할 수없이 그것을 이용해서 대화를 나눴습니다. 선생님이 말할 땐 듣기만 하면 되니까 긍정과 부정의 의사 표현을 한 번 혹은 두 번 깜빡이는 것으로 표현했습니다. 그리고 제가 이야기를 하고 싶을 때는 선생님이 영어 알파벳을 A부터 Z까지 천천히 불러주셨습니다. A, B, C 이렇게 순서대로 나가다가 말하고 싶은 단어의 첫 글자에서 얼른 눈을 한 번 깜빡거렸습니다. 그러면 선생님은 다시 처음으로 돌아가 두 번째 철자에서 제가 눈을 다시 깜빡이는 식으로 의사를 표현했습니다. 제가 주로 하는 말은 "주스 주세요.", "베게 올려주세요." 등의 단순한 말이었기 때문에 선생님은 p(pillow)나 j(juice)만 나와도 금세 제가 하고자 하는 말을 이해했습니다. 주사기에 주스를 머금어 제 혀를 축여주기도 했고 어머니를 만나기 전이면 머리도 빗겨주며 지루한 중환자실 생활을 잘 이겨 낼 수 있도록 도와주셨습니다.

저는 어머니를 만날 때마다 울지 않으려고 무던히 애를 썼습니다. 어리광쟁이로만 자란 막내여서 어리광도 부리고 싶고 언니들도 너무 보고 싶었는데 참을 수밖에 없었습니다. 어느 날은 중환자실로 아빠, 엄마가 함께 면회를 오셨는데 수술 후 딸의 모습을 처음보신 아빠는 너무나 큰 충격을 받으셔서 제 몸을 붙들고 하염없이 통곡하셨습니다. 엄마는 그때까지 제 앞에서 울지 않으셨는데 그날은 엄마도 저도 함께 실컷 울었습니다.

중환자실의 밤은 매우 무서웠습니다. 저는 정신이 또렷했기 때문에 중환자실에서 벌어지는 많은 일들과 소리들을 모두 듣고 인지할 수 있었는데 대부분의 환자들이 무의식 상태거나 거의 죽음을 앞둔 위독한 환자들이었습니다. 그들이 입으로 토해내는 신음소리들은 온 신경을 오싹하게 할만큼 두려웠습니다.

회복되리란 희망

그렇게 두어 달이 지나자 제게 물리치료사 선생님이 배정되었습니다. 그때까지 저는 전혀 움직이지 못했고 말을 하거나 앞을 보지 못하는 상태였지만 뭔가 새로운 치료를 시작한다는 데 작은 기쁨과 희망이 생겼습니다. 처음 물리치료사 선생님은 제 팔다리 여기저기를 주무르기만 하셨습니다. 몇 주가 지난 후엔 물리치료사 선생님은 제 팔을 들었다 떨어뜨리시고 다리를 똑같이 반복해 공중에 들었다가 떨어뜨리곤 했습니다. 아마 제가 공중에서 팔과 다리를 들고 얼마나 지탱할 수 있는가를 보려고 그렇게 하신 듯합니다. 그러나 힘이 없는 제 팔과 다리는 물리치료사 선생님이 잡지 않으면 단 1초도 지탱하지 못하고 그대로 아래로 떨어져버렸습니다. 선생님은 손목을 올렸다 내리고 팔꿈치 윗부분을 올렸다 내리는 동작을 반복했습니다. 그렇게 하기를 며칠 후 정말 기적이 일어나기 시작했습니다. 어느 날 갑자기 손가락이 하늘로 향했다가 바로 떨어지지 않고 몇 초간 내 의지대로 있을 수 있게 된 것입니다. 이게 도대체 몇 달만에 의지대로 움직인 동작이었는지, 지금 생각하면 손가락 움직이는 일은 정말 아무것도 아니지만 그때는 너무나 뛸 듯이 기쁘고 신기했습니다.

그날의 손가락 사건은 회복을 향한 희망의 시작이었습니다. 저는 이 일을 계기로 자신감을 회복했고 물리치료사 선생님이 계시지 않아도 중환자실 침대에서 혼자 손가락을 움직이는 연습을 했습니다. 처음 몇 주는 손가락 정도만 의지대로 움직일 수 있었지만 다음은 손목, 발가락, 발목 등 점점 움직이는 범위가 확대되었습니다. 면회 오신 부모님께 손가락 움직이는 모습을 보여드렸더니 눈물도 많고 웃음도 많으신 우리 아빠는 너무나 좋아하시며 박수까지 치시는 것이었습니다. 사소한 일에 이토록 크게 기뻐하시다니, 솔직히 제가 얼마나 크게 다쳤기에 저러시나 하는 생각이 들어 슬프기도 했지만, 끝까지 용기를 잃지 않으려고 노력했습니다. 그리고 이제 머지않아 이곳을 걸어 나가고 눈도 회복되리란 희망을 더욱 강하게 품었습니다.

재활 치료

중환자실에서 일반병실로

어느덧 시간이 흘러 8월 말이 되었습니다. 저는 드디어 중환자실을 벗어나 일반병실로 옮겨졌습니다. 수술을 받기 위해 멀쩡하게 걸어 들어간 지 2개월여 만에 위험한 고비를 넘기고 눈이 안 보이는데다 혼자서는 몸을 전혀 가누지 못하는 상태가 되어 회복실로 오게 된 것입니다. 비록 중환자실을 걸어서 나오지는 못했지만 다행히도 물리치료의 효과가 조금씩 나타나 잃었던 피부감각도 살아났고 손가락도 조금씩 움직이게 된 것으로 저는 희망이 있었습니다. 더욱 반가웠던 것은 온몸에 링거를 하도 맞아 더 이상 몸에 주사바늘을 꽂을 데가 없을 정도였는데 그 무서운 링거를 더 이상 맞지 않아도 된다는 것이었습니다. 링거대신 코에 튜브를 꽂아 '에너젠'이라는 영양물질을 공급받았습니다. 코에 튜브를 낄 때 심한 통증이 있었지만 더 이상 나쁜 상태가 아닌 것에 감사했습니다.

일반병실로 오니 정말 지옥을 벗어난 것처럼 행복했습니다. 그

동안 보고 싶었던 언니들도 실컷 만날 수 있었습니다. TV를 볼 수
는 없어도 들을 수 있어서 덜 심심했습니다. 밤마다 다른 환자분들
이 내는 무서운 신음소리도 없었고 친구들과 여러 친척들의 병문안
을 받으며 대화를 나누고 음악도 들을 수 있어서 한결 기분이 좋아
졌습니다. 그리고 링거대신 에너젠을 투어해서인지 몸에 힘도 많이
생기는 것 같았습니다. 중환자실과 일반병실의 가장 큰 차이는 바
로 화장실 문제였습니다. 중환자실에서는 소변줄을 끼고 생활했었
기 때문에 요의를 느끼지 않았고 링거만 맞고 있던 터라 변의도 전
혀 느끼지 못했습니다. 하지만 일반병실로 옮긴 후부터는 점차 상태
가 좋아져서 소변줄을 빼고 요의를 느낄 때마다 소변을 볼 수 있었
습니다. 그리고 에너젠 공급 후 포만감을 느낄 수 있었습니다. 지금
도 잊혀 지지 않는 것은 제가 사고 후 2개월이 지나 처음으로 대변
을 보던 날입니다. 당시 혼자서 앉는 것도 불가능한 상태였기 때문
에 어쩔 수 없이 침대에 누워서 대소변을 보았는데 운동량이 부족
하여 배에 힘주기도 어렵고 자세가 어색해서 한참동안 끙끙거리며
고생을 했습니다. 드디어 2개월여 만에 상상조차 하지 못한 희한한
자세로 큰일을 본 그날! 얼마나 힘을 주며 애를 썼는지 엄마와 저
는 온몸이 땀으로 뒤범벅이 되었습니다. 엄마는 제 옆에서 계속 배
를 쓸어주며 "참, 말 만한 딸이 늙은 엄마한테 별일을 다 시킨다."하
시며 농담을 하셨습니다. 고단하고 힘든 고생에도 아랑곳하지 않으
신 엄마는 그래도 딸이 죽지 않고 이렇게 살아준 것만 해도 무지무
지 감사하다는 말씀을 해주셨습니다.

0세 영아로 돌아간 19세 여대생

　무던히도 무더웠던 1994년 여름, 만 19세이던 저는 오직 다시 몸을 움직여야겠다는 일념으로 모든 정성과 노력을 물리치료에 쏟아부었습니다. 마치 중대한 전쟁을 앞둔 전사처럼 단단한 의지로 무장하고 말입니다. '정신일도면 하사불성'이라는 말이 어쩌면 그렇게 꼭 들어맞는지, 저는 만 19세였던 그때에 내가 왜 이렇게 되었나? 누가 날 이렇게 만들었나? 친구들은 지금 어떤 모습으로 살고 있나? 나의 앞날은 도대체 어떻게 되는 건가? 하는 질문들을 거의 떠올리지 않았습니다. 물리치료를 열심히 받아서 다시 몸을 움직이고 걷고 말하고 입으로 밥을 먹으리라. 꼭 예전처럼 회복이 되어 학교로 돌아갈 것이라는 일념으로 좋은 생각만 가지려 애썼습니다.

　다행이 일반병실로 오면서 물리치료의 효과는 더뎠지만 좋은 결과가 나타나기 시작했습니다. 누워서 팔다리 움직이는 것이 자연스럽게 되더니 곧 허리에도 힘이 생겨 목받침이 있는 휠체어에 앉을 수 있게 되었고 입술과 턱에도 희미하게나마 조금씩 힘이 생기기 시작했습니다. 중환자실을 한번 다녀오면 다시 태어난 0살 아이로 돌아간다는 말이 있습니다. 정말 그 말이 맞는 것 같았습니다. 저는 아기처럼 앉아도 목을 못 가누었기에 어머니가 늘 신경을 쓰시지 않으면 머리가 무거워서 뒤로나 옆으로 넘어가버리기 십상이었습니다. 목이 위치를 못 잡고 꺾이어 위험한 일이 생길 수도 있었습니다. 입술도 조절이 안 되어 침을 잘 못 삼키고 아기처럼 입 옆으로 질질 흘리고 있었습니다. 몇 달 전만 해도 원하는 대학에 합격했다고 들

떠서 온갖 모양은 다 부리고 다니던 막내딸의 모습은 어디로 가고 덩치만 커다란 아기가 되어 목도 못 가누고 위태위태하게 앉아있는지……. 정말 내 딸에게 이런 사고가 발생한 것이 맞는지……. 이 사실이 꿈은 아닌지……. 엄마는 내색은 안 하셨어도 이런 생각들을 쉽게 떨치지 못하셨습니다.

아, 엄마의 지극정성

딸에 대한 엄마의 정성은 지극정성 그 이상이었습니다. 그 더운 여름날, 몇 분 안 되는 중환자실 면회시간을 위해 매일 같이 병실 밖을 지키셨고 제가 회복실로 온 뒤 퇴원할 때까지 한 시도 제 곁을 떠난 적이 없었습니다. 말도 못하고 고개도 가누지 못하는 딸을 붙들고 여기저기 마사지를 해주셨고, 매일 침과 땀범벅인 딸을 씻기시고 옷을 갈아 입혀주셨습니다. 특히나 무더운 여름이어서 옷을 갈아입었어도 금세 땀과 침으로 젖어들고 음식물이 묻어 더러워지곤 했습니다. 엄마는 제가 더러운 옷을 입고 있으면 자존심이 상할까봐 부지런히 씻기고 다시 옷을 갈아입혀 주곤 했습니다. 제가 잠잘 때도 혹여 몸이 차가운 병원 벽에 닿지나 않을까 걱정하시며 이불과 베개로 벽을 가리고 몇 시간 간격으로 깨어 노심초사하며 돌보셨습니다. 몸을 혼자 못 가누는 딸이 불편한 자세로 누워있지는 않은지……. 이불을 잘 덮고 자는지……. 엄마는 19년 전으로 돌아가 다시 태어난 아기를 양육하는 것처럼 저를 돌보셨습니다. 그러나 1994년 당시, 50대 중반인 어머니는 아기로 돌아간 딸을 돌보시기엔 힘이 부치실 때였습니다. 그것도 키 170센티가 넘는 덩치 큰 아기를 말입니다. 엄마는 자신의 고단함은 뒤로 하고 매일같이 한 덩치 하는 딸의 대소변을 받아내고 씻기고 옷을 갈아입히고 휠체어에 앉혀서 여기저기 물리치료실을 좇아다니셨습니다. 치료가 끝나면 다양한 과일주스를 갈아 먹이고 또 씻기고 입히기를 반복하셨습니

✽ 재활 치료 중_병실에서

다. 제가 빨대를 입술로 물던 날 엄마는 얼마나 감격하셨는지 모릅니다. 처음에는 아래턱 근육에 힘이 없어서 윗입술과 아랫입술을 서로 붙이는 것도 불가능했습니다. 혀에 힘이 없었기 때문에 무기력하게 침을 흘리고만 있었는데 조금씩 혀가 움직이게 되면서 빨대를 넣을 수 있게 된 것입니다. 그나마도 혀에 힘이 충분치 않아 겨우 힘을 주어 빤다는 것이 빨대 밑에 있는 음료수는 빨아들이지 못하고 입에 물고 있는 빨대 끝만 빠는 일을 되풀이했습니다. 그러다 차츰차츰 힘이 생기면서 빨대로 음료수를 마시게 되었고 윗입술과 아랫입술을 오랜 훈련 끝에 붙일 수 있게 되었습니다. 드디어 저는 제대로 빨대를 사용할 수 있게 된 것입니다.

　하루는 병문안을 오신 아빠 친구 분이 제 모습을 보시고는 "이런 말을 해서는 안 되겠지만 여식이 평생 저 상태로 있느니 차라리 사고 당시 죽었던 것이 더 나았겠어요."라고 말씀하셨다고 합니다. 앞날이 9만 리 같은 전도유망한 젊은 딸이 심하게 다쳐 평생 부모님

고생만 시켜드리는 모습으로 안타깝게 지내는 것이 가슴 아파 하시는 말씀이었겠지만, 그 소리를 들은 엄마는 무척 상심해서 눈물을 흘리셨던 기억이 납니다.

자장면 대신 자장두부

감사하게도 저는 나날이 상태가 좋아졌습니다. 점차 혼자서 목도 가눌고 침도 삼킬 수 있게 되었습니다. 언니들이 매일 와서 함께 이야기도 나누고 재미있게 놀아주었습니다. 친구들은 제가 자다가 눈이 번쩍 뜨이게라도 되면 읽어볼 수 있도록 병문안을 오신 분들의 카드를 침대 옆에 정성껏 붙여주기도 했고, 좋은 책들을 가져와서 심심치 않게 읽어주었습니다. 하루는 언니들과 먹고 싶은 음식이야기를 하면서 퇴원하면 꼭 먹으러 가자며 언니들이 수첩에 목록을 적고 있었습니다. 제가 자장면을 먹고 싶다고 하자 큰언니가 잠시 생각을 하더니 자장면은 지금도 먹을 수 있을 것 같다는 말을 하는 것이었습니다. 당시 음식물을 입으로 씹기가 불편해서 죽으로 된 유동식만 겨우 삼키고 있던 제게 자장면이 가당키나 한지, 큰언니가 무슨 생각으로 저러나 싶어, 저와 둘째언니는 그저 큰 언니의 얼굴만 바라볼 뿐이었습니다. 잠시 편의점을 다녀오겠던 큰언니는 자장참치캔 하나와 연두부를 사가지고 왔습니다. 그리고는 참치는 빼고 자장참치 국물에다 연두부를 잘 개어 섞은 뒤 병원 복도에 있는 전자레인지에 적당한 온도로 데워가지고 와서는 너무나 기쁜 목소리로 "자장면 대신 자장두부다."라는 것이었습니다. 언니들은 수건을 목 아래에 끼워 환자복이 더러워지지 않도록 준비를 하고 저는 머리를 뒤로 젖히고 입을 벌렸습니다. 숟가락으로 '자장두부'를 한술 뜬 언니는 국물이 입 밖으로 흐르지 않도록 조심하여 입안에 넣어주었습니다. 그러면 저는 마치 이가 나지 않은 아기처럼 혀와 입천장으로 음식을 오물거리면서 잠시 쪽쪽 빨다가 삼켰습니다. 제가 맛있다고 또 달라고 하니, 언니는 신이 나서 계속 그 정체불명의 음식을 먹여주었습니다. 활동량도 왕성하고 한참 먹고 싶은 것이 많을 나이의 동생이 먹고 싶은 것도 못 먹고 답답하게 병원에만 갇혀 지내는 것이 안타까워 고심 끝에 자장면 국물 맛이라도 맛보게 해주려고 아이디어를 낸 것이었습니다. 언니들은 그렇게 수첩을 하나 만들어서는 제가 퇴원하고 먹을 음식 리스트를 하나하나 적어놓고, 입을 움직여 씹지 않고도 먹을 수 있는 음식이 또 있는지 연구하기에 바빴습니다.

식구들의 간호와 응원은 그것만이 아니었습니다. 어렸을 때 같이 살면서 저를 거의 키워주다시피 한 작은 이모는 멀리 강남에서 하루가 멀다 하고 오셔서는 손에 정성껏 쑥뜸을 놔주셨습니다. 그리고 매일 새벽마다 교회에 나가셔서 막내 조카의 쾌유를 위해 눈물로 기도하셨다고 합니다. 그때 작은 이모가 온 마음을 다해 드린 새벽 기도 덕분에 오늘 제가 이렇게 회복되었고, 구원과 참 소망을 얻게 되었다고 확신합니다. 지금은 제가 이모와 이모부, 사촌 동생들을 위해 기도하고 있습니다.

한 걸음 한 걸음 걸음마를 떼며

일반병실에 와서도 물리치료사 선생님의 방문치료를 받았습니다. 그리고 몇 주가 지나자 제가 직접 휠체어를 타고 물리치료실을 찾아가서 치료를 받을 수 있게 되었습니다. 이름을 알지 못하는 갖가지 종류의 물리치료와 작업치료를 받으며 조금씩 몸 상태가 회복되는 것이 신기하고 기뻐서 열심히 몰입하여 땀을 줄줄 흘려가며 운동을 했습니다. 허리와 목, 턱과 입술 등에 점차 힘이 붙더니 손목과 발목에도 힘이 생겼습니다. 드디어 저는 보조기구를 잡고 일어설 수 있게 되었습니다. 그리고 1~2주 정도 지나서는 한 걸음 한 걸음 내딛을 수 있게 되었습니다. 중환자실을 겨우 탈출한 0살짜리 아기가 4~5개월 만에 월반을 하여 걸음마를 뗄 수 있게 된 것입니다. 수개월을 누워있던 터라 다리가 너무 가늘어져서 처음엔 혼자 서 있는 것이 어려웠습니다. 팔과 손목에 충분한 힘이 생기자 보조기구를 잡고 걸음을 시도했는데 다리가 휘청거리면서 뒤로 넘어져 여러 번 엉덩방아를 찧어댔습니다.

물리치료 시간에 저처럼 오랫동안 걷지 못하다가 걸음을 다시 시작하는 환자들을 위해 넘어지는 연습을 먼저 시켰습니다. 균형을 잃고 잘못 넘어져서 머리를 다시 다치게 되면 매우 심각한 일이 생기기 때문입니다. 저는 낮 시간에는 푹신한 매트가 깔린 물리치료실에 가서 공위에 엎드려 균형 잡는 연습부터 했습니다. 물리치료사 선생님이 제 몸을 밀어 넘어뜨리면 순발력을 발휘해서 양손과 다리로 머리를 보호하면서 넘어지는 훈련을 했습니다. 맹연습 끝에

드디어 보조기구를 잡고 한 걸음 한 걸음 내딛는데 가늘어진 다리
와 무거워진 엉덩이 때문에 이내 뒤로 넘어지기를 반복했습니다. 그
럴 때마다 자존심이 상해 주저앉고 싶을 때가 한두 번이 아니었습
니다. 그러나 저는 엄마의 열정 때문에 절대로 그만하고 싶다는 말
을 할 수 없었습니다. 엄마는 제가 조금씩 회복되는 것이 너무나 기
뻐서 계속 반복해서 운동을 시키려고 했습니다. 물리치료사 선생
님의 주문대로 치료가 끝난 후에도 혼자서 병원 복도를 왔다 갔다
하게 했고, 손 운동을 위해서 두 세 살짜리 어린애들이 가지고 노는
'블록쌓기'를 사가지고 오셔서 쌓기 연습을 시키셨습니다. 블록쌓기
가 아이들의 장난감이어서 보기엔 쉬워보여도 손의 근육들이 모두
마비된 저로서는 블록을 잡는 것이 엄두가 안 날만큼 힘든 작업이
었습니다. 아무리 애써도 안 되면 블록을 집어 던지고 울기도 여러

번 했는데 그럴 때마다 엄마가 따라 우시는 바람에 맘 놓고 울지도 못했습니다.

슬슬 찬바람이 불어오는 가을이 되면서 열심히 받던 물리치료가 점점 재미없어졌습니다. 길어야 방학 중에 완치되어서 학교로 돌아갈 수 있을 줄 기대했는데, 그건 저와 가족의 바람일 뿐이었습니다. 친구들은 벌써 2학기 개강을 해서 등교를 하는데 혼자 병실에 앉아 그 한심한 블록쌓기와 씨름하고 있다는 사실이 믿기지 않았습니다. 그러나 억울하고 슬픈 것도 잠시였습니다. 바쁜 꿀벌은 슬퍼할 겨를이 없다는 옛말을 마음에 새기면서 하루라도 빨리 몸이 나아져서 퇴원을 하기 위해 다시 치료와 운동에 전념했습니다. 쉬는 날도 없이 복도를 걸어 다니고 큰 바가지에 담긴 콩알을 주무르면서 잃어버린 손끝 감각을 되살리려고 노력했습니다. 얼마나 손을 콩에 대고 문질렀는지 손가락 사이사이에 물집이 잡힌 것도 모를 만큼 열심히 했습니다.

희비의 쌍곡선

하루는 거리가 약 30미터도 안 되는 병원복도를 혼자서 걸어간 적이 있었는데 온몸이 땀으로 젖고 다리가 후들거려서 올 때는 휠체어를 타고 돌아왔습니다. 그때 그 30미터가 채 되지 않는 복도를 주파한 시간은 40여분이나 되었습니다. 저는 정말 울어야 할지 웃어야 할지 판단하기 어려웠습니다. 엄마의 부축 없이 처음으로 걸음을 걷게 된 것은 매우 기쁜 일이었지만 건강했을 때 1분도 걸리지 않을 그 30여 미터의 병원복도를 40분이나 걸려서 겨우 걸었다는 현실이 쓸쓸했습니다. 희비의 쌍곡선은 그것만이 아니었습니다. 점차 입술과 혀 근육에 힘이 돌자 곧바로 언어 치료를 시작했습니다. 감사하게도 제가 실어증 현상을 보이지 않고 지적능력의 손상 없이 입술, 혀 근육의 단순 마비로 판명되어 치료는 생각보다 빠르고 잘 될 것이라는 이야기를 들었습니다. 치료 도중에 선생님은 제게 가장 잘 부르는 애창곡을 한곡 불러보라 하셨습니다. 저는 대학시절 MT에 갔을 때 친구들과 함께 자주 부르던 김수희의 '남행열차'를 부르기 시작했는데 분위기가 뭔가 심상치 않았습니다. 제 딴엔 열심히 잘 불렀다고 생각했는데 치료사 선생님은 별 반응 없이 조용히 듣고만 계셨고, 뒤에 앉아 있던 엄마는 몰래 손수건으로 입을 막고 소리 없이 흐느끼는 것이었습니다. 저는 깜짝 놀라 엄마한테 왜 그러냐고 물었더니 빠르고 경쾌한 템포의 '남행열차'를 70~80대 할머니가 타령을 하는 것처럼 느릿느릿 비슷한 음조로 음계 변화 없이 부르더라는 것이었습니다. 그런 노인 타령 같은 노래라도 좋으니 하루 빨리 친구들과 어울려서 같이 노래 부르고 예전과 같이 지내는 날이 다시 오기만을 간곡히 바란다며 엄마는 눈물을 감추지 못하셨습니다.

실명 선고

청천벽력 같은 실명 판정

일반 병실에서 재활치료를 받으며 몸이 점차 회복되는 것을 보고 시력도 시간이 걸릴 뿐이지 꼭 회복될 것이라 믿었습니다. 6월말에 사고가 난 후 5개월여를 지나는 동안 확실히 시력은 안정이 되는 것 같았습니다. 사고 직후 중환자실에 있을 때는 눈앞에 검은 구름이 둥둥 떠다니기도 했고 노란 스파크가 번쩍하고 갑자기 발생해서 화들짝 놀라곤 했습니다. 몸을 움직이며 운동을 한 후부터는 눈에 그러한 증상들이 차츰 가라앉으며 안정되어갔습니다. 그러나 찬바람이 불기 시작하는 11월이 되었는데도 시력은 더 이상 차도가 없었고, 병원 측에서도 제 시력에 대해 별다른 언급이 없었습니다. 시력 검사는 자주 하는 것 같은데 "결과가 아직 나오지 않았다.", "조금 더 기다려 봐야한다."며 의사들은 명확한 답을 해주지 않았습니다.

시간이 흘러 12월 어느 날, 신경외과 담당 선생님이 병실에 오셨

마음의 눈으로 행복을 만지다

습니다. 손에 5~6가지의 각기 다른 색깔 펜을 들고 오셨는데 제게 하나하나 색을 보여주시며 구별해보라고 하셨습니다. 저는 지금이나 그때나 같은 시력을 가지고 있는데 정말 감사하게도 눈으로 빛과 색을 구분할 수 있습니다. 저는 선생님이 내미시는 색깔들을 찬찬히 보면서 모두 맞게 대답했습니다. 이번엔 손바닥 크기의 글자를 제게 내미셨습니다. 그러나 그것은 아무리 들여다보아도 무슨 글자인지 도통 알 수 없었습니다. 전체적으로 뿌연 유리를 끼고 보는 것처럼 흐린데다가 시야가 좌우로 흔들렸습니다. 특히 가운데 부분은 사물이 어긋나 보이거나 아지랑이가 피어오르는 것처럼 아른거려서 정확히 형상을 분간하여 무슨 글자인지 알아보기는 어려웠습니다. 몇 번을 반복해서 시도하시던 선생님은 손가락의 수를 세어보라며 손을 제 쪽으로 펼치셨습니다. 그저 제 눈앞에 손이 있구나, 선생님이 손을 흔드시는구나 하는 정도는 알 수 있었습니다. 하지만 정확히 손가락의 수가 몇 개인지는 아무리 열심히 보아도 셀 수 없었습니다. 잠시 망설이시던 신경외과 선생님은 큰 결심이라도 한 듯 차분한 목소리로 말씀하셨습니다. 부모님과 제게 조심스럽지만 분명한 어조로 알려주신 그 내용은 도저히 믿기 힘든 것이었습니다. 수술 후 발생한 경기증상으로 운동중추와 시각중추 부위에 뇌손상이 일어났는데 시각중추 부분의 손상이 매우 심각하다는 것이었습니다. 손상을 입은 부분은 절대로 회복되지 않으며 그동안 손상되지 않은 다른 시세포들이 얼마나 활동하는지 살펴보았는데 6개월 정도 지나도 차도가 없는 것으로 보아 앞으로 더 이상 회복되기는 힘들다고 했습니다. 빛과 색을 그런대로 구분할 수 있는 이유는 그나마 손상되지 않은 아주 적은 수의 시세포들 덕분이고 글씨를 읽거나 사물을 명확히 볼 수 있을 만큼의 시력은 회복되지 않을 것이라고 하셨습니다. 그리고 덧붙인 말씀은 하루속히 시각장애인 판정을 받고 점자를 배우는 것이 좋을 것이라며 제 눈이 실명되었음을 선고하셨습니다.

시각장애인이란 낯선 명칭

저와 부모님은 귀를 의심하지 않을 수 없었습니다. 시력이 회복될 수 없다니, 믿어지지도 않고 믿고 싶지도 않은 말이었습니다. 시각장애인이란 말 자체도 제겐 너무 낯설었습니다. 설마 제가 시각장애인이 된다니……. 단 한순간도 생각해 본 일이 없었는데 점자를 배우라니……. 시각장애인 등록 절차를 밟으라니……. 너무나도 충격적이었습니다. 처음 며칠은 큰 충격에 정신이 하나도 없었는데 며칠후부터는 그 말이 사실이면 이제 어떻게 해야 하나, 막막한 마음에 형용할 수 없는 두려움이 몰려와 눈물만 계속 쏟아졌습니다. TV에서 가끔 비춰지던 시각장애인들의 모습과 주변 사람들의 동정어린 시선들이 떠오르면서 그렇게 살고 싶지는 않다고 울부짖었습니다.

어느 날은 잠을 자다가 눈을 떴는데 병실 안이 신기하게도 훤히 보이는 것이었습니다. 검사를 받으러 가기 위해 간호사가 제 침대를 밀고 어딘가로 데려 갔는데 그때 누워있는 상태로 제 눈에는 병원 천정에 달려있는 형광등도 보이고 군데군데 있는 파이프들과 안내 표지판들까지 정확하게 보였습니다. 저는 바로 그 사실을 신경외과 선생님께 말씀드렸는데 그건 제가 보고자하는 열망이 너무나 큰 탓에 일시적인 착시현상이 나타났든지 아니면 꿈에서 본 것을 실제상황에서 본 것으로 착각한 것이라 했습니다. 저는 그렇게 착시를 일으킬 만큼 몇 년 동안은 실명 사실을 강하게 거부하고 도무지 받아들일 수가 없었습니다. 제가 더 이상 앞을 볼 수 없게 되었다는 선고에 가족들 역시 커다란 충격에 휩싸였습니다. 아빠는 회사일도 제대로 돌보지 못하시고 어떻게 하면 제 눈을 예전으로 돌릴 수 있을까 고민하시며 더 나은 치료가 없는지 백방으로 알아보러 다니셨습니다. 지병으로 기관지 천식을 앓고 계시던 아빠는 그 당시 스트레스와 과로로 체중이 갑자기 10킬로 이상 빠지고 건강이 매우 악화되셨습니다. 엄마는 수개월을 제 옆에서 간호하시느라 집에서 잠 한번 편히 주무시지 못하고, 병원침대 아래 조그만 보조침대에서 새우잠을 주무시며 음식도 제대로 못 드시는 바람에 쓰러지기 일보 직전에 이를 만큼 건강이 안 좋아지셨습니다. 좋지 않은 일은 몰아서 온다더니, 그해 가을 손녀의 사고소식을 들은 할머니는 그만 충격과 노환으로 돌아가셨습니다. 그 다음 해 봄 충현교회 권사님이셨던 외할머니도 하나님 품으로 가셨습니다. 당시 대학을 갓 졸업한 작은언니가 집안 살림과 아빠 뒷바라지를 도맡아 했는데 편찮으신 할머니를 집에서 혼자 간호한 후 할머니 임종을 지키고 장례식도 거의 도맡아서 치르다시피 했습니다. 결국 회사원이던 큰언니가 사표를 내고 엄마와 교대로 저를 간호하면서 집안 살림을 도왔습니다. 그때 우리 가족이 당한 어려움은 사람의 힘으로는 도저히 감당이 안 될 만큼 무섭고 거센 풍랑과도 같았습니다.

그 무렵 저는 절망감에 빠져 눈물만 주룩주룩 흘렸습니다. 실제로 울다가 가슴이 조여오고 쿡쿡 찌르는 통증으로 아파서 눕지도 앉지도 못할 지경에 이르렀습니다. 가슴이 찢어지는 아픔이란 말은 바로 이런 때를 두고 하는 말인 것을 그때 경험했습니다. 울다 지치면 겨우 잠이 들었고 꿈속에서 저는 눈이 모두 보임에도 불구하고 가슴을 치며 슬퍼하곤 했습니다. 어느 날은 너무나 많이 울어 기진맥진해져서 눈물도 나오지 않는데 가슴이 심하게 아팠습니다. 마치 누군가 제 가슴 속에 들어와 뾰족한 것으로 마구 찌르는 듯한 고통으로 1분 1초도 견디기 어려운 시간을 감내해야 했습니다.

의료사고에 대한 소송 결심

실명 선고를 받은 뒤 병원에서 시력 회복을 위해 더 이상 해볼 수 있는 것이 없다는 것을 알았지만 무작정 퇴원을 서두를 수도 없는 상황이었습니다. 아직 불완전한 몸을 회복시키기 위해 물리치료도 계속 받아야했고, 사고에 대해 병원 측의 입장을 제대로 듣지 못한 상태로 섣불리 퇴원할 수 없었습니다. 그 당시 여러 가지로 복잡한 집안일들과 실명이라는 엄청난 충격 속에 절망하던 우리 가족은 병원 측의 무성의한 태도에 크게 낙심할 수밖에 없었습니다. 병원 측에서는 '사고'라는 용어는 절대 입 밖에 내지 않았습니다. 스스로 의료사고를 말하면 그 자체를 인정하는 것이 되면서 모든 책임을 져야 한다는 사실을 누구보다도 잘 알고 있었으니까요. 저의 일을 책임질 수 없고 또 그럴 필요가 없다는 병원 측의 의견에 절망한 나머지지 소송에 대한 이야기를 건넸습니다. 하지만 돌아온 것은 소송하려면 해보라는 식의 오히려 담담하고 무관심한 태도뿐이었습니다. 소송과는 무관한 삶을 살아오신 아빠는 고민 끝에 의료분쟁 소송을 하기로 결정하셨습니다. 의료진의 중차대한 실수가 있었어도 우리나라의 의료분쟁에서 환자 측에게 유리하도록 판결이 날 확률은 매우 적은 현실이라고 합니다. 재판에 소요될 경비와 재판 중에 겪게 될 이중 삼중의 상심과 정신적 고통을 우려하여 주변에서는 소송을 반대하시는 분들이 적지 않았습니다. 사실 저는 당시 재판 진행 과정에 대해 잘 알지 못했습니다. 부모님은 제가 복잡한 일에 신경 쓰지 않고 건강만을 생각하고 실명의 충격에서 하루빨리 안정을 되찾기만을 간절히 바라는 마음이었습니다. 19살이던 제게는 재판에 대해 자세한 말씀을 해주지 않으셨습니다.

그때 소송을 한다는 우리 가족의 입장에 대해 무관심한 태도를 보이던 병원 측이 갑자기 태도를 바꾸어 진지하게 재판에 임하게 된 사건이 있었습니다. 억울한 사정을 알게 된 한 방송국에서 저의 의료사고에 대한 의혹을 담은 시사다큐멘터리 프로그램을 제작하여 방영하기로 했습니다. 방송에서는 사고 전에 멀쩡했던 제 모습의 사진들과 우연히 대학 입학식 날 9시뉴스에서 인터뷰를 했던 저의 필름을 보여주며 치과수술 후 알 수 없는 사고로 현재 앞이 보이지 않고 어눌한 말소리와 몸동작으로 치료를 받으러 다니는 모습을 대조하여 방영했습니다. 이 프로를 만들기 위해 방송 제작팀이 병원에 방문했을 때 병원 측은 크게 당황했고, 그 후로 재판을 위한 증거 자료 제출과 소환에 순순히 응하게 되었습니다.

만 8개월 만에 집으로 퇴원

해가 바뀌어 1995년 2월말, 저는 드디어 만 8개월 만에 퇴원을 하였습니다. 건강한 모습으로 병원에 걸어 들어간 저는 그 사이 평생 앞이 보이지 않는 시각장애인이 되어 엄마의 부축을 받으며 누가 볼 새라 모자로 얼굴을 푹 눌러쓰고 도망치듯 병원을 빠져나왔습니다. 집에 도착하니 제가 실명을 했다는 사실이 더욱 실감이 났습니다. 생생하게 모든 것이 눈앞에 보였던 기억이 선명한데 불과 몇 개월 사이에 15년을 넘게 산 정든 집의 제 방안도 희미한 안개에 휩싸여 낯설게 여겨졌습니다. 제가 공부하던 책을 펼쳐보고 수첩과 일기장을 열어봐도 조금도 보이지가 않아서 저는 또 다시 마음이 쿵하고 내려앉는 절망감을 느꼈습니다. 가까이 들이대면 뭐라도 좀 보이지 않을까 해서 눈동자 바로 앞에 가져다대고 보려 해도 전혀 알아 볼 수 없었습니다. 거울 앞에 서도 내가 누구인지 알아볼 수 없었고, 엄마와 언니들 얼굴은 형체만 아른거릴 뿐 자세하게 보이지가 않아 기분이 이상했습니다. 기억은 선명한데 잘 보이던 눈이 보이지 않으니 말로 표현할 수 없는 답답함과 어색함이 너무 많았습니다. 하루는 안방에서 잠을 자다가 아래층 화장실에서 빨래를 하고 있는 엄마를 놀라게 해드리려고 혼자서 살금살금 엄마한테로 내려가다가 계단에서 발을 헛디뎌 그만 굴러 떨어진 일도 있었습니다. 밥을 먹을 때도 기분이 이상했습니다. 병원에서는 엄마와 다른 식구들이 밥 시중을 들어줘서 그냥 주는 대로 먹고 배부르면 그만 먹곤 했는데 집에 와서 제가 직접 밥을 먹으려고 하니 숟가락 젓가락

질이 영 서툴렀습니다. 밥과 반찬이 보이지 않으니 제가 먹는 밥이 맛이 있는지 없는지도 모르겠고, 얼마나 먹었는지도 모르겠고, 젓가락 끝에 반찬이 얼마나 많이 집혔는지도 모르겠고……. 정말 말로 표현하기 어려운 묘한 기분이 들었습니다. TV를 볼 때도 매우 답답했습니다. 드라마에서 대사가 없으면 도대체 지금 무슨 장면이 지나가는지 의아스러웠고 여러 명이 한꺼번에 말을 하면 지금 누가 무슨 말을 하는지 파악이 되지 않아 내용을 좀체 이해하기 어려웠습니다.

일본과 중국, 미국에서 시력 회복을 기대했지만

집으로 퇴원 후 한 달여 지났을 때 저와 부모님은 일본으로 가게 되었습니다. 아빠 사업차 아시는 분을 통해 저의 손상된 뇌의 촬영사진을 일본으로 먼저 보낸 뒤 그곳 의사선생님이 진찰해보겠다는 반가운 회신을 전해온 것입니다. 부모님과 저는 실낱같은 기대를 품고 일본을 향했지만 그곳에서 오히려 뜻밖의 말을 듣고 놀라지 않을 수 없었습니다. 저의 뇌 사진을 검토한 의사선생님은 제 상태가 훨씬 좋지 않을 것이라 예상했는데 직접 저를 보고나니 의외로 너무 양호하다는 말을 하는 것이었습니다. 그 일본인 의사선생님 말씀으로는 저의 뇌 사진에 나타난 손상부위가 매우 광범위하고 심해보여서 환자가 지금처럼 걷거나 말하지 못할 줄 알았다고 합니다. 저를 직접 보니 말도 잘 하고 몸의 움직임도 원활하다며 이 정도로 회복된 것만도 연구할 만한 기적 중의 하나라는 것이었습니다. 부모님과 저는 처음 들어보는 이런 말씀에 크게 당황하지 않을 수 없었습니다. 도대체 처음 뇌가 얼마만큼이나 손상되었는지, 왜 한국의 병원에서는 솔직하게 설명을 해주지 않았는지 분노가 치밀었습니다.

그 이후 저와 부모님은 중국으로 향했습니다. 중국에서 침을 맞고 병을 고친 환자들이 많다는 소식을 접한 아빠는 아는 사람 하나 없는 중국에 가까스로 수소문하여 심양이란 도시에 가게 되었습니다. 심양대학병원에서 100여 일 동안 전기침을 머리에 맞기도 하고 갖가지 침을 몸 여기저기에 맞아보았지만 차도는 전혀 나타나지 않았습니다.

심지어 눈에도 침을 맞았습니다. 안구에 직접 맞지는 않았지만 기다란 뜨개질바늘 같이 생긴 침을 눈꺼풀 위 시신경 쪽에 맞는 침술이었습니다. 지금 생각해봐도 제가 어떻게 겁도 없이 어린나이에 그런 침을 맞았나 싶을 정도로 아프고 무서운 치료들을 참 많이 받았습니다. 중국에서는 이런 침치료와 함께 기체조도 받으러 다니고 한약도 많이 복용했습니다. 중국의 약은 우리나라의 한약과는 다른 형태로 무슨 꽃잎 같은 것도 둥둥 떠 있었으며 맛은 엄청나게 썼습니다. 쓰디쓴 약을 마시고 그 위에 환약까지 씹어 먹었던 기억은 지금 생각해봐도 몸서리치게 고통스러운 것이었습니다. 한창 혈기왕성한 나이인 제가 말이 통하는 친구 하나 없이 낯선 외국에서 100여 일을 아픈 치료를 받고 쓴 한약을 먹으면서 견딘 일은 마치 인간이 되겠다고 동굴에서 마늘과 쑥만 먹은 곰이 아니고서는 감당키어려운 힘든 시간이었습니다. 유일한 낙이 있다면 서울에서 온 언니들의 편지를 받거나 친구들이 보내준 음악을 듣는 일이 전부였습니다. 1995년은 중국과 우리나라가 수교를 맺은 지 얼마 되지 않은 시점이었고, 우편물의 분실이 매우 잦다고 하여 언니들은 공항에 나가 손에 '심양 가시는 분'이라고 쓴 종이를 들고 기다렸다가 인심 좋은 분을 만나면 그분 편으로 편지와 과자, 친구들의 선물과 제가 즐겨듣던 라디오 프로를 녹음한 테이프 등을 담은 봉투를 보내주었습니다.

그렇게 중국에서 치료를 받은 뒤에도 별다른 차도가 없자 저와 부모님은 미국을 가게 되었습니다. 세계적으로 명성이 높은 메릴랜드 주의 존스홉킨스 병원에서 진찰을 받아보기로 한 것입니다. 아빠는 이 병원에서라면 제 시력이 조금이라도 나아지지 않을까하는 희망을 굳게 가지고 계셨습니다. 이 병원에서는 아예 희망이 없는 환자는 오라고 하지 않는데 저에게는 한번 와보라는 회신이 왔다며 분명 시력이 돌아올 좋은 방법을 찾게 될 것이라고 한껏 기대에 부풀어 계셨습니다. 아빠가 그렇게 확신을 가지시니 저와 엄마도 이번엔 완전하진 않더라도 조금이나마 시력이 돌아오지 않을까하는 기대를 품었습니다. 그러나 그 기대는 이내 물거품이 되고 말았습니다. 시력이 회복될 수 있다는 좋은 소식을 듣기는커녕 현대의학으로는 도저히 회복할 수 없는 상태란 사실을 더욱 명확하게 선고받고 말았습니다. 손상을 입은 뇌 부위는 수술할 수 없는 위험한 위치일뿐더러 수술로도 달리 시력을 돌이킬 뾰족한 방법은 없다고 했습니다. 또한 아무리 현대의학이 빠른 속도로 발전하고 있지만 이렇게 미세한 뇌세포들을 활성화시킬 수 있는 기술의 개발은 향후 30년 동안은 일어나지 못할 것이라고도 했습니다. 그러면서 1년 전 한국의 신경외과 선생님이 제게 하셨던 말씀처럼 하루 빨리 마음을 정리하고 시각장애인으로서의 삶을 새롭게 시작하라는 똑같은 권고를 반복했습니다. 미국은 합리적인 나라라고 하더니 그 말이 끝나자마자 저를 저시력센터로 안내해서 눈에 맞는 광학 도구 등을 찾기 위해 다양한 검사를 했습니다. 사물을 확대하여 보여주는 갖가지 돋보기 같은 것도 써보고 글씨를 컴퓨터 화면 전체만큼 커다랗게 보여주는 프로그램도 실험해 보았으나 제 눈에는 조금도 보이지 않았습니다.

어쩌면 이글을 읽고 계신 독자들 중에 제가 눈이 보이지 않는데 어떻게 글을 쓸 수 있을까, 궁금하실 것입니다. 저는 스크린리더라는 시각장애인을 위한 컴퓨터 음성합성장치를 이용해서 글을 쓰고 있습니다. 스크린리더를 사용하면 제가 자판에 입력하는 글자들이 음성으로 나오고, 이미 작성된 파일이나 컴퓨터아이콘 등을 모두 읽어주기 때문에 많은 시각장애인들이 이것을 사용해서 공부도 하고 글을 씁니다. 그때 미국에서 스크린리더를 포함한 다양한 시각장애인용 광학도구에 대한 설명을 들었는데, 당시 재차 실명 선고를 받은 제 귀에는 그런 설명이 아무리 유용할지라도 제대로 들릴 리가 없었습니다. 갓 20살을 넘긴 저에게 닥친 실명 선고는 마치 사형 선고와도 같은 충격적인 현실이었습니다. 처음 서울에서 실명 선고를 들었을 때 실감이 나지 않았는데 시력이 돌아오리란 희망으로 선진국의 병원을 전전하면서 다시금 실명이 되었다는 사실을 확인하고나니 깊은 두려움과 절망이 또 한 차례 몰려왔습니다.

나의 도움은 어디에서 오나

시력 회복을 위해서라면

'사람이 물에 빠지면 지푸라기라도 잡는다.'는 옛말이 있습니다. 저와 우리가족은 모두 그러한 심정이었습니다. 1년이 넘는 기간을 일본, 중국, 미국 등지를 다니며 안 해본 것 없이 모든 치료를 시도해본 부모님은 사랑하는 막내딸의 시력을 절대 포기할 수 없었습니다. 부모님은 전국의 갖은 민간요법들을 찾아다니며 용하다는 점쟁이와 신기로 병을 고친다는 무당들까지 수소문하여 만나기 시작했습니다.

현재 하나님을 믿는 저에겐 이러한 행위들이 얼마나 잘못된 것인지 잘 알고 있지만, 당시 우리 가정은 예수님을 몰랐고 안타깝게도 지금 우리 가족은 하나님을 인격적으로 만나지 못한 상태입니다. 저는 사랑하는 가족들과 친척들이 하루속히 주님을 알고 구원을 받게 해달라고 기도하고 있습니다.

어머니를 따라 점쟁이와 무당들을 만나며 그 당시 저는 두렵기도

하고 내심 무슨 효과가 있겠는가, 의심하면서도 어떻게든 다시 회복되고 싶다는 강한 욕망에 그들을 만나 보기로 하였습니다.

무모하고 얼토당토 않는 치료까지

1996년 초에 병을 잘 고친다는 한 무속인을 소개받아 처음으로 만나보았습니다. 그 사람은 속칭 치료신이 내려서 환자를 한눈에 보고도 어디가 아픈지 맞출 수 있다고 했습니다. 그 사람은 저를 제대로 보지도 않고 무조건 고칠 수 있다면서 눈이 보이게 되면 한쪽 눈에 5,000만원씩 모두 1억 원을 내야한다고 돈 이야기부터 꺼내는 것이었습니다. 저는 그 이야기를 듣는 순간 속으로 "이사람, 틀렸구나!"하고 생각했습니다. 이 사람이 모신다는 신이 진정한 신이 맞는다면 환자의 상태부터 살피고 진심으로 낫길 바라며 치료에 집중하지 돈거래부터 하지는 않을 것이라 생각했습니다. 지금 돌아보면 제가 왜 그런 무모하고 얼토당토 않는 치료를 받았는지 이해가 되지 않습니다. 그 사람은 정말 허술한 방법으로 환자들을 치료하고 있었습니다. 녹각으로 전신에 자극을 주거나 손톱 끝으로 침을 놓듯이 몸 여기저기를 찔러댄 다음 손으로 마치 지압을 하는 것처럼 몸의 뭉친 곳의 경혈을 풀어주는 마사지 같은 것이었습니다. 그러던 어느 날 제 눈과 귀를 의심하지 않을 수 없는 이상한 일이 벌어졌습니다. 하루는 치료 도중 신기가 올랐는지 숨이 끊어질 정도로 심하게 기침을 하더니 담배를 피워 대면서 돌아가신 친할머니 흉내를 내는 것이었습니다. 그 무당하고 우리 할머니하고 만나본 일이 없었는데도 그렇게 흡사하게 흉내를 내는 것을 보고 놀랍고 무서웠습니다. 다른 환자들에게도 마찬가지였습니다. 지나치게 돈 이야기만 하고 치료도 어설프게 하니 별 효과가 없겠다 싶을 때 그런 식으로 돌아가신 조상이나 살아있는 친척 목소리를 흡사하게 내면서 두려움을 주니까 사람들이 그 무속인을 영험하다고 하는 것이었습니다.

그 무속인은 어쩌면 불행하게도 자신의 의지와 관계없이 젊은 날에 그런 악귀가 들어 사람들을 현혹해왔고 우연히 병을 고치기도 하는 그런 사람이었습니다. 저는 그에게 10개월이나 꾸준히 치료를 받았는데 시력에 전혀 차도가 나타나지 않았습니다.

이 얼마나 하나님께 감사해야할 일입니까? 물론 하나님께서는 태초부터 저를 구원하려는 계획을 가지고 계셨기 때문에 제가 그런 무당의 속임수로 시력이 돌아올 리 만무했겠지만, 지금도 그때 당시 아찔했던 모습을 떠올려보면 사탄이 우는 사자와 같이 사람을 삼키려 한다는 성경의 말씀이 너무나 분명하게 연상됩니다. 그 잡귀의 미혹하는 영과 사람의 어리석음으로 인해 그 무속인의 집은 늘 문전성시를 이루고 있었습니다. 많은 사람들이 그것도 배울 만큼 배웠다는 교수나 큰 기업 이사들이 그 무당에게 머리를 조아리며 치료를 받고자 했던 일들이 떠오릅니다.

그러다 예기치 않은 합병증이라도 생기려하면 그 무당은 엄청난 돈을 요구했고 사람들은 두려워서 돈을 더 건넸습니다. 또 집안에 무슨 일이라도 생기면 제사를 지내야한다느니 기도를 가야 한다느니 하며 더 많은 돈을 요구하곤 했습니다. 이런 식으로 사람을 옴짝달싹 못하게 하는 것이 그들의 전략입니다. 저의 시력이 그때 거짓

된 방법으로 회복되지 않은 것이 얼마나 감사한지 모릅니다. 그 무당은 사람들을 미혹하다가 나름대로 때가 되면 자기가 모신다는 신 앞에 절을 하라고 현혹해왔습니다. 저도 한번 그 신상이란 곳을 목격한 적이 있는데 지금 생각해도 피식 웃음밖에 나오지 않습니다. 바로 그 신상이란 것은 항아리에 고무신을 엎어놓은 것이 전부였으니까요.

인간은 연약한 존재여서 늘 자신과 가족의 안위를 우상에게 기대려하고 두려움을 가지고 의존하는 경향이 있습니다. 더구나 저처럼 불치병이라도 걸린 사람이거나 가족 중에 누가 중병으로 고통 받는 사람이 있다면 이성과 자존심 따위는 팽개치고 그런 잡신에게라도 머리를 조아리는 경우가 비일비재합니다. 사탄은 바로 이런 사람의 심리를 잘 알기에 그것을 이용해서 현혹하고 결국 사망의 나락으로 빠뜨리려 합니다.

우상을 믿는 이들의 거짓과 교만함

한번은 이런 일도 있었습니다. 억울한 조상신의 천도를 통해 고통 받는 후손들을 평안케 해준다는 제사와 기도로 알려진 어느 역술인을 만났습니다. 그 사람은 한 유명 연예인의 빙의를 해결했다는 거짓말로 매스컴에서 크게 주목을 받은 바 있었고, 제가 그를 만나기 오래 전 한 스포츠신문에 자신의 글을 연재하여 유명세를 타고 있었습니다. 엄마는 먼저 그를 시험해보려고 저를 그곳에 데려가지 않은 채 가족들의 건강이 어떤지를 미리 살펴보러 왔다고 둘러

대었습니다. 그리고 가족들의 이름이 적힌 종이를 펼쳐 놓았다고 합니다. 그 사람은 가족의 이름과 생년월일 등이 적힌 종이를 한참 들여다보더니 제 이름이 적혀있는 곳 앞에서 펜을 멈추고는 "이 아이가 지금 눈 때문에 고통을 받고 있지 않은가요?"라고 했다고 합니다. 엄마는 깜짝 놀라 이 사람이 정말 신통하긴 한가보다고 생각하셨습니다. 그 후 그 사람은 이해하기 어려운 이야기를 우리에게 전했습니다. 지금 제 시력은 돌아가신 우리 조상 중 어느 억울한 원혼이 나를 방해하여 그렇게 된 것이고, 제가 전생에 하얀색 강아지였다는 것입니다. 그러니 자신이 하얀 강아지를 사다가 그 조상의 원혼을 달래어 실명을 하얀 강아지에게 옮겨주고 제 시력은 정상적으로 회복시킬 수 있다고 했습니다. 제사를 지낸다는 첫날 그 집에 저도 가보았는데 그 사람은 저와 엄마를 보자마자 호들갑을 떨면서 얼마나 우리 조상의 원혼이 깊은지 어제 하얀 강아지를 두 마리나 사놓았는데 제사 준비 중에 가보니 두 마리가 모두 급사를 했다며 하루도 늦춰서는 안 되겠다며 난리를 피워대는 것이었습니다. 그 사람은 마찬가지로 조상 천도제 따위를 운운하며 돈을 요구했고 우리는 그를 따라 한두 번 제사도 지내고 여러 가지 시도를 해보았지만 그때 역시 제 시력은 돌아오지 않았습니다. 이번엔 길게 속지 않았습니다. 아무 효과가 없을 것이 분명해서 곧 그 사람과의 연락을 끊었습니다. 그런데 기가 막힌 사실은 그 역술인이 한참 뒤 자신이 기고하는 스포츠신문에 저로 추정되는 실명 여대생의 이야기를 쓴 것입니다. 그 실명 여대생이 자신의 기도로 말끔하게 시력을 회복했다면서 조상대에 무슨 일로 인해 눈이 멀게 되었다는 식으로 사람들의 이

목을 끌만한 소설 같은 거짓말을 신문에 연재한 것이었습니다. 우리 집안의 사정을 잘 아는 분이 신문을 보다가 그 이야기를 읽고 아무래도 우리 이야기를 한 것 같다며 아빠에게 이 사실을 전하셨고 부모님은 너무나 화가 나셨습니다. 그러나 그런 거짓말을 일삼는 자들의 행위 하나하나에 대응할 만한 가치가 없다고 생각했고, 당시 의료분쟁 소송으로 그럴 만한 기력도 없어서 그대로 덮고 가기로 했습니다.

안타까운 사실은 지금 이 순간에도 이런 사람들 때문에 얼마나 많은 사람들이 현혹되고 피해를 보고 있는가 하는 점입니다. 분명한 것은 우상을 섬기는 이들은 거짓과 교묘함으로 두려움을 주지만 하나님은 십자가의 사랑을 통해 그 무엇과도 비교할 수 없는 평안을 주신다는 점입니다.

나의 도움은 그분에게서

실명에 대한 실감과 기각된 의료소송

　인간적인 노력이 헛되이 돌아올수록 저의 성격은 더욱 어두워졌고 사람을 만나기가 싫어서 집에만 틀어박힌 채 힘든 시간을 보냈습니다. 몸에 좋다는 온갖 약과 식이요법, 침술, 심지어 신통하다는 무당 앞에까지 가보았어도 시력은 조금도 변함이 없었습니다. 시간이 갈수록 '정말 내가 실명을 했구나. 이젠 평생 앞이 안 보이는 거로구나.'하는 사실을 받아들여야 했습니다..

　그 즈음 오랜 기간 끌어온 의료소송 판결도 거의 마무리 단계에 있었는데 결과는 우리 가족의 염원과는 달리 의사의 무혐의로 종결되었습니다. 판결을 위해서는 의사들의 증언이 절대적인데 수술에 임한 의사들 모두 자신의 실수가 전혀 없었다고 증언하여 그대로 적용되었습니다. 수술도중 일어난 과다 출혈의 원인에 대해서도 그 정도의 출혈은 흔히 있는 경우라고 진술했습니다. 수술 후 일어난 경기가 뇌손상의 직접적 원인이었지만 의사들의 입장은 그 경기는 자신들이 한 수술과는 무관하고 수술 중 일어난 출혈과 경기 사이의 관련을 찾기 어렵다는 것으로 증언을 마쳤습니다. 아빠는 포기하지 않고 항소와 상고를 거듭하여 재판에 임했으나 결과는 마찬가지였습니다. 판사의 판결은 '의사들의 과실에 심증은 가지만 정확한 물증을 찾을 수 없다'라며 의료진의 편을 들어준 것입니다. 이대로 물러서기에는 너무나 억울하다고 생각하신 아빠는 마지막으로 헌법재판소에 제소하셨습니다. 모든 의료사고의 재판 과정에서 의사들만의 증언을, 그것도 국내 의사들만의 증언을 절대적으로 채택하니 실제로 의학 지식이 없고 수술 현장에 없던 가족들은 백이면 백 모두 패소할 수밖에 없는 현실을 들어 의료소송 심의 과정을 수정해야한다는 내용으로 진정서를 제출했지만 별 효과가 없었습니다.

그 후 의료소송법 개정의 논의가 있었다는 얘기를 들었습니다. 누구라도 저와 같은 일을 겪게 되었다면 수술 도중 생긴 과실에 대해 집도의가 자신의 결백을 직접 입증해야하는 방식으로 법이 바뀌어 조금이나마 환자들을 보호하는 방향으로 개선되길 바랄 것입니다. 당시 재판 과정에서 아빠는 말로 형용할 수 없는 참담함을 느끼셨다고 합니다. 증언을 위해 법정에 선 다른 의사들 역시 사석에서는 우리 가족의 상황이 딱하고 의사의 과실이 의심된다는 말씀을 언급하셨지만, 막상 법정에 서면 자신도 언제 누군가에게 사고를 낼지 모를 같은 의료진의 입장이라 동료에게 불리한 진술을 하지는 못했습니다. 그리고 법정에 제출한 모든 입원 및 수술 기록에 수정액을 사용하여 고치고 정리한 흔적을 발견할 수 있었습니다. 나중에 알게 된 사실이지만 미국과 같은 선진국의 경우, 환자 진료 기록에 수정액 사용이 발견되면 그 즉시 병원 기록 위조의 가능성을 들어 해당 병원은 패소를 하게 된다고 합니다. 그 당시 우리나라의 경우는 이러한 법적 보호조치가 없어 그저 의사들의 진술만을 참고하여 재판을 하게 되니 여간 답답한 노릇이 아닐 수 없었습니다.

우울증, 자살 충동

의료분쟁 소송도 결국 패소로 끝나고 더 이상 앞이 보이지 않는 참기 힘든 고통 속에서 저는 점차 자살에 대한 생각을 하기 시작했습니다. 재판 비용과 함께 외국으로 다니며 치료비용을 많이 지출한 바람에 가정형편도 어려워졌습니다. 제가 정신적으로 너무 힘들어하는 것 같아 부모님은 다른 동네로 이사하기로 결정하셨습니다. 15년을 살던 정든 집을 갑자기 떠난다는 사실은 우리 가족 모두에게 매우 서운한 현실이었지만 형편상 어쩔 수없는 결정이었습니다. 단독주택에서 살다가 처음으로 아파트로 이사를 갔습니다. 이사 후 거의 방안에서만 처박혀 지내다가 조금씩 아파트 주변을 혼자서 산책해보았습니다. 산책을 다니면서도 제 머릿속은 '어떻게 죽을까?' 하는 생각으로만 가득했습니다. 언니들이 책을 읽어주거나 친구들이 찾아오는 며칠간은 기분이 나아지기도 했지만, 시간이 조금만 지나면 내가 살아서 무얼 하나 하는 비관적인 생각에 다시금 자살을 생각하며 울기만 했습니다. 그렇게 무의미한 시간들을 보내며 우울해하는 나를 보시는 부모님의 마음은 까맣게 타들어가셨습니다.

시각장애인 판정을 받다

　젊디젊은 나이에 방안과 집주변만 돌며 우울해하는 딸이 안쓰러우셨는지 아빠는 용기를 내어 장애인 판정을 받고 적절한 재활훈련을 알아보자고 권유하셨습니다. 치료에 대한 미련도 없어진지 오래됐고, 마땅히 할 일을 찾지 못한 저로서도 그 말씀이 옳다고 수긍했지만, 막상 장애인 판정을 받는 일과 시각장애인의 모습으로 새로운 삶에 도전하는 일은 생각처럼 간단하고 쉬운 일이 아니었습니다. 한참을 망설이다 저는 결단을 내렸습니다. 그것은 몇 달 정도 집을 떠나 멀리 시골에 혼자 가 있어보겠다는 일종의 현실도피였습니다. 치료를 여기저기 받으러 다니다가 우연히 비구니 스님 한분을 알게 되었는데 그 절에 내려가 몇 달간 신세 좀 지면서 기도를 드려보겠다고 부모님께 말씀드렸습니다. 절에 다니시던 엄마는 별로 반대하지 않으셨습니다. 저도 어렸을 때 엄마를 따라 몇 번 절에 다닌 경험이 있습니다. 죽기 살기로 한번 기도해보고 그래도 시력이 돌아오지 않으면 그때 가서 시력 회복에 대한 미련을 깨끗이 접고, 아빠가 바라시는 대로 재활훈련을 받겠노라고 가족들과 약속했습니다.

삼십만 배 절을 올렸지만

　저는 전라남도 해남 땅끝마을의 한 암자에 내려가 약 4개월을 머물며 기도했습니다. 그 기도는 지극정성 이상의 것이었습니다. 내가 여기서 죽으면 죽었지 절대로 시력을 회복하지 않고서는 돌아가지 않으리라는 굳은 결단으로 사력을 다해 기도했습니다. 매일 삼천 배를 백일 간, 모두 합하여 삼십만 배 절을 올리며 기도했습니다. 삼천 배 수행은 스님들도 하기 힘든 어려운 수행이라고 합니다. 매일새벽 2시 50분경에 일어나 3시에 시작되는 아침 예불을 시작으로 삼천 배를 쉬지 않고 했습니다. 말이 삼천 번이지 삼천 번이란 엄청난 수의 절을 매일하기란 결코 쉬운 일이 아니었습니다. 평소에 절을 많이 올리는 불자들도 삼천 배를 하고 나면 무릎이 시커멓게 멍이 들고 발톱도 빠질 만큼 체력이 많이 소모되는 기도였습니다.

만물의 시작은 어디에서?

어느 날 주지스님이 암자에 잠시 와있던 언니를 불러서 제게 어떤 책을 읽어주라고 했습니다. 언니는 틈이 날 때마다 그 책을 제게 읽어주곤 했는데 사람의 '업'을 설명하는 내용이었습니다. 불교의 윤회사상은 현재 겪고 있는 모든 희로애락을 과거에 내가 지은 업보와 관계가 있다고 해석합니다. '어떻게 하면 내가 다시 시력을 회복할 수 있을까?'와 '왜 내게 이런 비극이 생겼을까?'의 두 가지 화두를 가지고 온 힘을 다해 기도하고 고민했던 제게 그 책은 잠시나마 위로를 주는 듯 했습니다. 그 책 내용을 들으면서 내 전생에 무슨 업으로 현재 내가 이런 엄청난 고통을 겪는지 알고 싶었고, 수행을 통해 빨리 그 업보라는 것으로부터 자유롭게 되어 시력을 돌려받고 싶었습니다. 그러나 그 불경을 들으면 들을수록 제 마음에는 의문이 더해갔습니다. 왜냐하면 시각장애를 가지고 태어나 살고 있는 사람이나 저처럼 중간에 사고로 실명한 사람은 전생에서 남의 눈을 찔러 실명을 당하게 했거나 다른 사람의 앞길을 막았던 일이 있어서 그렇다는 것이었습니다. 그 외에 여러 장애를 가지고 태어난 데는 그만한 죄를 전생에 지은 이유란 설명이 들어있었습니다. 키가 작은 이유, 가난한 이유, 공부를 못 하는 이유 등은 모두 전생에서 교만했거나 남에게 베풀지 않았고 책읽기를 게을리 해서 그렇다는 것이었습니다. 그 다음 내용은 여러 가지 죄악으로 살인, 도둑질, 간음 등을 한 사람들이 다음 생에 어떻게 될 것인가에 대한 것이었는데 책에 의하면 다음 생애에 그 죄과에 따라 짐승으로 태어나거나 길가의 벌레가 되고 화장실에서 남의 배설물을 의지해야하는 구더기가 된다는 내용이었습니다. 저는 절을 하다말고 곰곰이 생각에 잠겼습니다. 내가 기억도 못 하는 전생의 '업'이란 것 때문에 이렇게 고통을 겪고 있는 현실이 합리적이지 못하단 생각이 들었고, 어떻게 그렇게 많은 사건들이 과거의 죄와 연결되어 오늘날 이렇게 나타날 수 있는지 조금도 이해가 되지 않았습니다. 그리고 그런 식으로 죄와 죄의 결과가 돌고 돌기만 하면 도대체 끝은 어디인지, 죄는 무슨 기준으로 누가 없앨 수 있으며, 과연 맨 나중은 어떻게 되는 건지 혼란스러웠습니다. 그 책에서 설명하는 구더기는 어디서 난 것이고, 소와 개, 사람과 나무, 강과 바다, 바위와 산 등 이 세상 모든 만물은 처음 어디서 난 것인지 전혀 납득되지 않았습니다.

이런 생각들은 제가 처음으로 창조주와 피조물에 대해 깊이 생각을 하게 만들었습니다. 바로 여기에 하나님의 깊은 간섭이 있었던 것이 아닌가 생각합니다. 처음과 나중, 창조주와 피조물에 대한 생각은 결국 성경을 찾아 읽게 했고, 교회에 나가 말씀을 듣게 만든 첫 계기가 되었습니다.

나를 나 자신보다도 더 잘 아시는 하나님이시기에 스스로 추구하여 하나님에 대해 생각하고 발견하고 알아갈 수 있게 하신 것이 아닌가, 저는 그렇게 믿고 확신합니다.

오늘 다시 태어나는 거야

그 뒤에도 저는 자살을 생각하지 않은 것은 아니었습니다. 오히려 절에서 돌아와 극심한 허탈감과 절망감에 허덕였습니다. 한번은 독한 마음을 먹고 아파트 옥상에 올라간 일이 있었습니다. 땅끝마을의 사찰에서 사력을 다해 절을 하고 올라오니 겁도 없어진 것 같고, 이제 정말 시각장애인이 되어 흰지팡이를 들고 다니는 모습을 상상하면 그야말로 미칠 것 같아서 차라리 죽는 것이 낫겠다는 생각을 했습니다. 너무나 사는 것이 괴롭고 재미없고 속상했습니다. 한사람의 실수로 평생 앞을 못보고 살아가야 한다는 사실을 생각하면 할수록 억울하고 견딜 수 없을 만큼 마음이 아팠습니다. 죽어버리면 고통이 없을 것 같고 슬픔도 모르고 자유로워질 것 같은 마음에 눈물을 흘리면서 15층 아파트 옥상으로 올라갔습니다. 정말 떨어져 죽을 생각을 하고 눈물 너머로 흐릿하게 보이는 15층 아래 바닥을 바라보니 머리가 아찔했습니다. 겁 없이 그 높은 곳에 올라선 저는 너무나 억울하고 서러운 생각에 한참을 애통하게 울었습니다. 내가 23년밖에 살지 못했는데 이런 엄청난 일을 겪어 죽을 생각을 하니 제 자신이 불쌍하고 남은 가족들도 불쌍했습니다. 그 동안은 자살을 생각할 때마다 얼마나 아플까, 내 시신의 모습이 어떨까를 생각하며 두려웠는데 이번에는 그런 생각조차 들지 않았습니다. 다시금 이 세상에 대한 원망이 북받쳐 올라 통곡에 통곡을 쏟아냈습니다. 그 순간 저는 아파트 밖으로 떨어질 생각으로 다시 아래를 내려다보았습니다. 그때 용기 없는 제 머릿속으로 한줄기 생각이 스쳤습니다.

'정말 지옥이 있을까?'

갑자기 지옥이 존재하는지에 대한 의문이 떠오른 것입니다. 그리고 자살을 하면 천국을 못갈 것 같다는 생각이 난데없이 떠올랐습니다. 기독교 신앙이 없던 제가 그런 것은 어떻게 알았는지 갑자기 지옥에 가게 되면 너무 허무한 것이 아닌가하는 생각과 함께 지옥에 대한 두려움이 엄습했습니다. 너무나 절망스러워 목숨까지 끊었는데 죽어서도 지옥에 가서 고통받을 생각을 하니 더없이 괴롭고 분한 마음이 들었습니다. 결국 이번에도 저는 자살을 포기하고 내려와서 이런 저런 생각을 했습니다. 괜히 억울하다고 죽었다가 더욱 큰 고통을 받는 세계로 가면 그 때는 다시 죽을 수도 없는 노릇이란 생각이 들었습니다.

'그래, 죽을 용기로 한번 살자. 김기현은 이미 사고로 죽었다고 생각하고, 나는 오늘 다시 태어나는 거야!'

CHAPTER 2

내가 만난 생명의 빛

다시 일상 속으로

무덤에 드리운 생명의 빛

빛과 함께 거닐며

빛으로 들어가게 하신 분의 뜻을 좇아

시력을 잃고 난 뒤, 말로 설명하기 힘든 상실감과
어찌할 바를 몰랐던 막막함, 두려움, 수치감,
절망감, 분노와 원망 등
온갖 부정적인 감정이 북받쳐 올라
어느 순간 저도 모르게 통곡을 하며
하나님께 도와달라고 울부짖었습니다.

다시 일상 속으로

1급 시각장애인으로 장애등록

　사고가 난 후, 만 3년이 지나서 용기를 내어 시각장애인 판정 절차를 밟고 시각장애인 등록을 하였습니다. 저는 가장 중증인 1급 시각장애인으로 진단받았습니다. 어느 정도 예상은 했지만 막상 제가 시각장애인, 그것도 1급 장애 등급을 받고나니 마치 다른 사람 이야기를 하는 것인 양 믿어지지가 않았습니다. 동사무소에서 장애인 등록을 하는데 한 방울도 안 남고 말라버린 줄만 알았던 눈물이 저도 모르게 주르륵 흘러내렸습니다. 저는 그 동사무소 직원에게 "이거 나중에라도 시력이 돌아오면 취소할 수 있는 거죠?"라고 울먹거리며 물었습니다. 그렇게 동사무소에서 몇 분간을 슬피

✽ 케인(시각장애인의 보행을 돕는 지팡이) 보행 훈련

울며 지체하는 바람에 장애인 등록을 한참 만에 마치고 집으로 돌아왔습니다.

기초재활훈련

그 후 특별한 기회로 알게 된 한 시각장애인의 도움으로 저는 중도 실명자를 위한 기초재활훈련을 받았습니다. 제게 시각장애인을 위한 기초재활훈련을 안내해주신 시각장애인 또한 20세를 갓 넘어 중도 실명한 분입니다. 그분은 기초재활훈련을 받은 뒤 학교로 돌아가 학업활동과 함께 안내견을 분양받아 데리고 다니면서 시각장애인과 안내견에 대한 홍보활동을 왕성하게 하고 있었습니다. 세상에서 나만 홀로 이런 어려운 일을 겪고 있다고 느꼈었는데 그분과 전화연락을 하며 위로받을 수 있었고 다양한 정보도 얻을 수가 있었습니다. 저는 그분이 알려주신 대로 서울의 한 시각장애인복지관을 찾아가 바로 점자, 흰지팡이, 컴퓨터 교육 등 중도에 시력을 잃은 사람들이 일상생활로 돌아가 살아나가는 데 필요한 기본 훈련을 받았습니다.

집안에만 틀어박혀 우울하게 지내다가 일단 용기를 내어 세상에 나가보니 새로운 도전에 대한 신선한 즐거움이 느껴졌습니다. 1997년 가을, 처음으로 시각장애인용 컴퓨터 음성합성장치를 사용하는 법을 배우게 되었는데 아직도 그날의 감격을 잊을 수가 없습니다. 실명을 한 후 좋아하는 책도 못 읽고 글쓰기도 어려워져 답답한 점이 많았는데 컴퓨터를 사용해서 그러한 고충을 해결할 수 있었습니다. 10여 년 전만 해도 시각장애인용 컴퓨터 음성합성장치는 도스 환경에서만 사용할 수 있었습니다. 음성 또한 깡통 로봇이 읽어주는 것처럼 딱딱하고 알아듣기 힘든 이상한 소리였지만 얼마나 신기했는지 모릅니다. 제가 자판 'ㄱ'을 치면 '기역'이라고 읽어주었고, 한 줄 또는 한 문단을 치고 읽으라고 지시하면 그대로 읽어주었습니다. 저는 그날부터 열심히 타자를 익혔습니다. 정교한 손놀림이 필요한 작업이어서 처음엔 오타도 많고 속도도 느렸지만 지금껏 10년 넘게 사용하다 보니 빠르고 능숙하게 컴퓨터를 사용할 수 있게 되었습니다. 중도 실명인으로 점자 사용이 서툰 저로서는 컴퓨터의 도움을 받아 지금까지 공부를 계속 할 수 있었습니다. 3개월 정도 기초재활훈련을 마친 뒤 추가적으로 컴퓨터 교육을 받았고, 시각장애인을 위한 녹음도서에 대한 정보도 얻었습니다. 저는 열심히 책을 빌려들으면서 수영도 다니고 서서히 학교로 복학할 준비를 했습니다.

4년 만의 복학

드디어 1998년 가을, 사고로 휴학을 한지 만 4년 만에 다시 학교로 돌아갔습니다. 처음 학교생활에는 예상한 대로 여러 가지 어려운 일들이 많았습니다. 저는 복학하기 전날 너무나 설레어 잠을 잘 이루지 못하였습니다. 친구의 도움으로 최소 학점, 그것도 가장 이수하기 쉬운 교양과목으로만 수강신청을 해놓고도 떨려서 몇 번이고 시간표와 강의실을 확인하며 계속 긴장이 되었습니다. 책도 못 읽고 노트필기도 못할 텐데 수업을 이해할 수 있을지, 도서관에 가서 책과 자료를 찾아 볼 수 없을 텐데 과제물은 제출할 수 있을지 등 걱정과 두려움이 꼬리에 꼬리를 물고 밀려왔습니다. 공부도 공부지만 아는 친구들이 인사를 해도 알아보지 못할 텐데 그때는 어떻게 해야 할까, 시각장애인이 된 모습으로 더듬거리며 학교를 다니는 내 모습을 친구들이 동정하지 않을까 등 온갖 걱정과 염려가 밀려와 괴로웠습니다.

학교는 그동안 많이 변해 있었습니다. 제가 사고로 휴학 중이었을 때 전국을 떠들썩하게 했던 극심한 시위로 종합관이 불탔었다는 소식을 들었는데 복학을 하고 가보니 어느새 새 건물이 그곳에 들어서 있었습니다. 변한 것은 그 외에도 많았습니다. 새로운 식당과 편의시설이 다수 생겼고 제가 입학했을 무렵은 컴퓨터가 학업에 그렇게 많이 활용되지 않았었는데 복학을 하고 난 뒤에는 수강신청부터 컴퓨터로만 해야 했고 리포트와 학사 일정도 대부분 컴퓨터로 처리하도록 되어 있었습니다. 지금은 시각장애인들도 윈도우 환경에서 컴퓨터를 사용할 수 있지만 98년만 해도 윈도우 환경을 지원하는 시각장애인용 음성합성 장치가 없었던 때라 모든 행정 처리와 과제물들을 누군가의 도움을 받아야만 했습니다. 지금은 작고 가벼운 노트북이 대중화되어 노트북을 들고 다니면서 강의를 듣고 노트도 직접하고 도서관에 앉아 파일 형태로 만들어진 각종 자료와 교과서를 들으며 공부할 수 있습니다. 그 당시는 노트북이 비쌀 뿐 아니라 도스용 노트북은 구하기 어렵던 시절이어서 저는 단출하게 휴대용 녹음기 한대를 달랑 들고 교수님 강의를 녹음하여 집에서 반복해서 듣는 방식으로 공부했습니다.

✽ 1998년 가을 복학했을 때의 모습

  앞을 볼 수 없는 상태에서 공부하는 것은 예상 보다 훨씬 힘들고 인내심이 많이 필요했습니다. 우선 교수님들이 칠판에 쓰는 내용이 무엇인지 모르니 답답했고 책을 읽을 수 없어서 강의 내용을 소화해내기가 막막했습니다. 노트 필기는 그런 대로 학교에 남아있는 친구들이 대신 해주었고, 수업을 같이 들을 친구가 없는 경우에는 저와 직접 아는 사이가 아니지만 친구들이 제 아래 학번의 후배들을 소개해주어 그 후배들의 도움으로 수업을 들을 수 있었습니다. 집으로 돌아와서 친구들과 후배들의 노트를 복사한 것을 언니들이 읽어주면 그것을 녹음하여 들으면서 공부했습니다. 차마 교과서는 녹음하기가 힘들어서 실제로 복학한 첫 학기는 교과서를 제대로 검토하지 못 하고 수업을 따라가야 했습니다. 그보다 더욱 큰 어려움은 리포트 작성과 시험이었습니다. 당시는 인터넷이 대중화되기 시작되던 때였습니다. 다른 학생들은 인터넷 검색을 통해 과제에 참고하기 도했고 메일로 과제를 제출했는데 저는 인터넷은커녕 윈도우 환경 의 컴퓨터조차 접근하기 힘들어서 자료검색은 꿈도 꾸지 못하고 리 포트 작성도 누군가 도와줘야만 하는 등 불편한 점이 한두 가지가 아니었습니다. 부끄러운 고백이지만 첫 학기의 리포트 과제는 친구 들이 많이 도와주었고, 어떤 경우는 거의 친구들이 써주다시피 한 것들을 그대로 제출한 일도 있었습니다. 시험은 시험 범위 부분만이 라도 가족, 친구 등 지인들을 총동원하여 교과서를 녹음해서 벼락 치기로 공부하였고, 평소 녹음을 해둔 노트를 듣고 수업시간에 청 취했던 내용을 기억해서 그런 대로 정리해볼 수 있었습니다. 시험은 교수님들께서 제 장애상황을 잘 이해해주셔서 제가 부르는 답을 대 필자가 그대로 받아 적는 형식으로 보았고, 교수님과 일대일로 마 주앉아 묻는 질문에 대답을 하는 구술시험을 치르기도 했습니다.

학교 기숙사로 거처를 옮기고

시각장애인이 된 후 맞이한 첫 학기는 낯선 분위기에서 초긴장 상태로 지나 그럭저럭 종강을 했습니다. 공부하는 일도 힘들었지 만 일산까지 버스를 타고 다니며 혼자 통학하는 일도 무척 부담스 러운 일이었습니다. 최소학점을 들었지만 앞으로는 더 많은 수업을 들어야 했고 친구들과 자원봉사자를 만나야 할 일도 많아질 것 같 아서 학교 기숙사로 거처를 옮기기로 했습니다. 특히 집을 떠나기로 한 결정적인 이유는 집에만 있으면 자립적이지 못하게 되고, 부모님께서 저를 보실 때 마다 걱정 근심으로 얽매여 계신 것 같아 두 분의 생활을 다소 자유롭게 해드리고자 큰 용기를 내어 독립해보기로 한 것입니다. 크게 걱정하실 줄 알았던 부모님은 예상외로 흔쾌히 딸의 독립을 허락하셨고, 저는 방학 중에 기숙사로 이사해 다음 학기를 준비할 수 있었습니다. 기숙사에서 새로운 룸메이트도 사귀고 먼저 기숙사 생활을 하던 불문과 친구와도 가까이 지내면서 많은 도움을 받았습니다. 처음엔 친구들이 통학하는 것을 도와주었는데 차츰 기숙사와 학교 주변 지리를 익혀 혼자서 통학할 수 있었습니다. 뿐만 아니라 기숙사 내 매점에서 물건도 혼자 사고 세탁기도 돌리고 방 청소와 정리 정돈 등도 남아있는 잔존 시력을 사용해서 어렴풋이 해나가다 보니 시간이 갈수록 제 힘으로 해낼 수 있는 일들이 많아졌습니다.

불문과에서 철학과로 전공을 바꾸다

그때 또 다른 섭섭하고 괴로운 일이 발생했습니다. 고등학교 시절부터 간절히 원해서 불어불문학과를 전공했는데 실명 후 책을 읽거나 사전을 자유롭게 찾는 일이 힘들어져서 할 수 없이 전과를 해야만 했습니다. 원칙적으로 전과는 허용되지 않았지만 학교 측에서 제 상황을 배려해주어서 희망하는 과로 전과를 해도 좋다는 허가를 받았습니다. 그런데 실상은 '희망하는 대로' 전과하는 과정은 쉽지 않았습니다. 1지망으로 심리학과를 지원했는데 담당 교수님께서 실험을 많이 하는 전공이기 때문에 심리학과에서는 색맹학생도 받지 않는다며 거부의사를 전해주셨습니다. 실망한 저는 2지망으로 사회복지학과를 택했습니다. 이 분야가 장애인들에게 실질적인 도움이 될 것 같고 적성도 맞을 것 같아서 이번에는 잘 되길 희망했는데 역시 거부되었습니다. 사회복지학과에는 장애인교수님까지 계시는데도 제가 다니던 문과대와 계열이 다르기 때문에 전과 절차가 복잡했고, 외부로 실습을 많이 나가는 등의 이유로 시각장애 학생이 수학하기는 어렵다는 것이었습니다. 직접적으로는 반대하진 않았지만 저를 받아들이기 어렵다는 뜻으로 이해할 수밖에 없었습니다.

요즘은 시각장애 학생에 대한 배려가 많아졌지만, 당시는 실명의 엄청난 충격과 스트레스로 머리도 복잡했고, 의료소송 재판으로 지칠 대로 지친 저와 가족은 두 학과로의 전과는 포기하기로 했습니다. 사실 그때는 저의 전과를 허락해주지 않으신 교수님들께 섭섭한 마음이 많이 들었지만, 시간이 지난 후 한 치의 오차도 없이 저의 인생을 선하게 이끄시는 하나님을 믿고 아픈 사람과 약자를 이해하는 소중한 경험으로 정리했습니다. 현재 미국에서 풍족한 지원을 받으며 공부하는 저와 다른 여러 중증장애인들의 자유로운 모습을 볼 때, 왜 아직도 한국의 많은 대학들은 시각장애인과 다른 여러 장애인들의 학업이 불가하다거나 안전사고의 위험을 가진 사람들로 여기며 편견에서 벗어나지 못하는지 무척 안타깝습니다.

그 후 어떤 학과로 전과해야 할지 물색하며 고민하던 중 철학과 학과장님인 장욱 교수님으로부터 철학을 공부해보지 않겠냐는 반가운 제안을 받았습니다. 처음엔 철학에 대해 큰 관심이 없었고 생각만 해도 어려울 것 같아 망설여지기는 했지만, 부모님이 적극적으로 권유하셨고 모든 학문의 근본이라는 철학이 어떤 학문일지 관심과 기대가 생겼습니다. 그리고 인생에서 뜻하지 않은 사고로 인한 혼란 중에 철학을 공부함으로써 제 삶을 객관적으로 바라보는 데 도움이 되지 않을까 하여 결국 1999년에 철학과로 전과를 했습니다. 실재로 부딪혀보니 철학은 예상했던 것보다 훨씬 어렵고 심오한 학문이었습니다. 도표가 없어서 다른 학문보다 책읽기가 수월할 것이라 생각했지만 그건 저의 착각이었습니다. 도표와 그림이 많지 않은 것은 사실이지만 철학적 개념을 정확하게 이해하기 위해서는 한자와 영어, 독일어로 된 원서를 많이 접해야 했고 한글 책이어도 워낙 많은 독서량을 요구하는 학문이다 보니 정신이 하나도 없었습니다. 과제와 읽을 것도 많았고 교수님들이 아무리 설명을 잘 해주셔도 무슨 내용인지 하나도 모른 채 지나간 과목도 적지 않았습니다.

제가 큰 감명을 받은 부분은 철학과 교수님들 중 인자하시고 좋은 분들을 많이 만난 것이었습니다. 모두가 기피하는, 갈 곳 없는 시각장애인 학생을 받아준 것만도 감사한데 제가 학업을 잘 좇아갈 수 있도록 교수님들이 배려해주셔서 매주 한 번씩 교수님 방에서 직접 철학 과외공부를 시켜주셨습니다. 특히 최소인 교수님은 저를 매우 각별하게 생각해주셔서 한 해 동안 서양철학 개관을 정리하여 가르쳐주셨고 밥도 자주 사주시면서 용기를 북돋워주신 고마운 스승입니다. 그러나 당시는 아무리 교수님들이 도와주셔도 중도에 시력을 잃은 제가 공부를 효과적으로 잘 해내거나 난해한 철학을 충분히 이해하며 따라가는 데는 어려움이 컸습니다. 갑작스런 실명을 한 지 몇 년 되지 않은 때라 머릿속은 늘 복잡하였고 실명의 충격과 혼란 속에서 방황하는 순간이 잦았습니다.

복학한 뒤 처음 1~2년은 학교에 적응하지 못하고 겉도는 생활을 했습니다. 대형 강의실에서 수업을 들을 때는 제일 뒤에 앉아 눈물도 많이 흘렸고 화장실이나 길가에서 처지를 비관하여 슬픔에 잠길 때가 많았습니다. 공부할 의욕도 친구들을 새로 사귈 의욕도 전혀 남아 있지 않았습니다. 수업이 끝나고 기숙사에 돌아와서도 무기력하게 누워 있고 싶었고 우울감에 모든 것을 포기하고 싶은 마음이 들었습니다. 도대체 눈이 보이지 않는 사람이 공부를 해서는 뭐하나 하는 회의와 함께 자유롭게 공부하면서 대학생활의 낭만과 여유를 만끽하는 친구들의 모습과 비교하면서 왜 저에게만 이런 시련이 닥친 것인지 원망과 불평이 가득 차올랐습니다.

무덤에 드리운 생명의 빛

시각장애인 교회에 출석하다

거의 매일을 울면서 학교를 다닌 지 1년이 지나고 2000년이 되었습니다. 그해에는 제 인생에 매우 뜻 깊은 일이 있었습니다. 제가 예수님을 영접하고 세례를 받은 해이기 때문입니다. 그 무렵 저는 시각장애인들이 모여서 예배를 드리는 시각장애인교회를 출석하고 있었습니다. 시각장애인 기초재활훈련을 받던 복지관에서 한 선생님의 전도를 받아 교회에 처음 가보았습니다. 진심으로 하나님을 만나 예배를 드리고 열심히 신앙생활을 하기보다는 다른 시각장애인들의 생활과 노하우에 대한 정보도 얻고 서로 위안이라도 받게 되지 않을까 하여 교회를 다니기 시작한 것입니다. 절에 다닐 때 깊이 느꼈던 창조주에 대한 관심으로 설교말씀을 열심히 들으려 했는데 아무리 말씀을 들어도 잘 와 닿지 않고 하나님의 실존에 대해 의심만 더해갔습니다. 다른 성도들이 소리 높여 기도 할 때는 낯선 거부감마저 들었고, 시각장애인들이 오갈 데 없고 의지할 데 없어서 이렇게 모인 것이 아닌가하는 생각이 들기도 했습니다.

나의 삶을 변화시킨 수업

새 학기가 되어 기숙사 룸메이트가 저의 수강신청을 도와주었는데 모두 이수한 줄로만 알았던 교양과목 중 기독교관련 수업이 하나 비는 것을 뒤늦게 발견했습니다. 개설된 과목들을 보며 어떤 과목을 수강할지 한참 고심했는데 그 후배가 기독교 수업 하나를 추천해주었습니다. 수업 중에 기도와 찬양도 하여 신선하고 재미있게 들을 수 있는 강의라고 소개해주었습니다. 1년여를 시각장애인교회 언저리에서 방황하던 저는 기숙사 후배의 권유로 그 수업을 들어보기로 했습니다. 절대자에게 의지하거나 종교를 믿는 것에 대해 일말의 기대도 없던 때여서 그저 부담 없는 수업이란 이야기만 듣고 좋은 학점을 받아야겠다는 마음으로 수강했습니다. 첫 수업에 들어가니 역시 소문대로 교수님은 기도로 수업을 시작하셨습니다. 교수님이 기도를 드리는 중에 몇몇 학생들은 어리둥절한 표정으로 웅성거리며 낯설어했습니다. 저도 수업에 들어와 기도하는 것이 처음이어서 어색했지만, 차분하고 진지한 교수님 음성에서 편안함을 느꼈습니다. 교수님은 늘 수업의 시작과 끝에 기도를 하셨는데 시간이 지나면서 수업 중 드리는 기도가 제 마음에 평안을 주었고, 점차 수업에 마음을 열고 참여할 용기가 생겼습니다.

수업의 초반에 교수님은 너무나 담대한 모습으로 하나님이 누구시며 성경은 어떤 책인지 그리고 예수님이 누구시며 복음이 무엇인지에 대해 전해주셨습니다. 그 설명은 제게 적지 않은 충격을 주었습니다. 하나님과 성경, 복음에 대해 희미하게나마 들은 적이 있었고 머리로는 알았지만, 마음으로 받아들이고 믿기까지는 결코 쉽지 않았습니다. 그 교수님은 믿지 않는 학생들의 딱딱한 표정 앞에서 너무나 진실하게 복음을 선포하셨습니다. 특히 고통스럽고 갈급한 마음으로 구원을 갈망했던 제게 교수님의 담대한 복음 선포는 충격 그 이상이었습니다. 뭔가 절실하게 찾고 있던 질문들에 대한 해답을 얻은 기분이 들었습니다.

도와달라고 울부짖으며

저는 수업에 마음이 활짝 열려갔고, 교수님의 말 한마디 한마디를 놓치지 않으려고 열심히 수업에 임하였습니다. 갈급한 심정으로 오늘은 교수님께서 무슨 이야기를 하실지 기대감마저 들었습니다. 일주일 내내 학교생활에 지치고 소외감 속에서 인생의 낙오자라는 기분을 떨치기 어려워 우울하다가도 교수님의 수업을 사모하는 마음으로 듣고 나면 신기하게도 마음에 힘이 생기고 즐거워졌습니다. 그리고 저도 한번 예수란 분을 인격적으로 만나보았으면 하는 소망으로 기독교가 말하는 진리를 추구하고 싶은 마음이 생겼습니다. 저는 바로 기도하기 시작했습니다. 기도하는 방법도 몰랐고 누가 내 기도를 들을까 조바심이 들어 힘들 때도 있었지만, 그럴수록 더욱 간절하게 예수님을 찾았습니다. 제게도 평안을 달라고, 믿음을 달라고, 하나님이 누구신지 만나게 해달라고 간절히 기도드렸습니다.

사고 후 크나큰 충격으로 극심한 혼란과 함께 엉망진창이 되어버린 제 삶은 늘 불안했고 죽고 싶은 마음뿐이었습니다. 저는 제일 먼저 마음의 평안을 하나님께 간구했습니다. 시력을 잃고 난 뒤, 말로 설명하기 힘든 상실감과 어찌할 바를 몰랐던 막막함, 두려움, 수치감, 절망감, 분노와 원망 등 온갖 부정적인 감정이 북받쳐 올라 어느 순간 저도 모르게 통곡하며 하나님께 도와달라고 울부짖었습니다.

아픔과 상처를 내려놓고

하루는 수업 중에 교수님께서 어려운 일을 겪고 있는 학생이나 신앙에 고민이 있는 학생들은 반드시 면담을 신청하라고 말씀하셨습니다. 수업 초창기라서 교수님을 찾아뵙기가 낯설기도 했고, 실명 후 사람을 대하는 일에 자신감을 잃은 터라 많이 망설여졌지만 저는 진심으로 하나님이 누구신지 만나고 싶은 마음에 용기를 내어 교수님께 면담을 요청했습니다. 수업을 마친 어느 날 교수님 방에서 그동안 제가 겪은 사고 이야기와 마음의 아픔과 상처들을 말씀드렸습니다. 처음에 교수님은 제가 얼마 전에 사고로 시력을 잃은 장애인이란 이야기를 들으시고 조금 놀라시는 것 같았습니다. 제 외모로 봐서는 전혀 시각장애인임을 알기 어려웠고 평소 옷차림이 깔끔하니 멋을 부리는 보통의 학생으로만 알았지 시각장애인인 줄 모르셨다고 말씀하셨습니다. 교수님은 다정하게 제 손을 잡으시고 그동안의 제 고통을 위로해주셨습니다. 그리고 예수님은 평화의 왕으로 이 땅에 오신 분이며 죄를 용서하시고 사망 권세를 이기시고 인간을 구원하시는 유일한 구세주라고 말씀하셨습니다. 하나님은 우리를 불행하게 하려고 창조한 것이 아니라 우리에게 기쁨과 감동을 예비해주신 분이라고 다정한 목소리로 전해주셨습니다. 비록 눈이 보이지 않게 된 커다란 상실감을 경험했지만 하나님께서는 그 일을 통해 저와 가족들을 구원하시려는 놀랍고 감사한 계획을 가지고 계시니 모든 것을 하나님께 맡기고 감사하라고 말씀하셨습니다. 그리고 교수님께서는 제 손을 꼭 붙드시고 영접기도를 도와주셨습니다. 저는 하나님을 진정으로 만나 제 마음에 모셔드리고 싶었습니다. 이전에는 수많은 의심들로 영접하기가 어려웠는데 그렇게 교수님과 함께 영접기도를 드리고 나니 뿌듯하고 새로운 마음이 생겼습니다.

혼돈에서 빛으로

그 후 저는 열심히 신앙생활을 했습니다. 컴퓨터로 성경말씀을 찾아 듣고, 꾸준히 시간을 내어 기도를 드리면서 우울한 기분에 빠지지 않도록 했습니다. 그리고 그해 4월 부활절 주간에 저는 세례를 받았고 점차 안정을 찾아갔습니다.

김 교수님의 수업에서 짧은 간증문을 쓰는 과제가 있었습니다. 저는 제가 제출한 과제로 200여명의 수강생 대표로 나가 간증문을 발표하는 시간을 가지게 되었습니다. 제 이야기를 통해 많은 학생들이 눈물을 흘리며 회개하고 주님을 영접하는 사건이 일어났습니다.

절벽에 선 것 같은 두려움과 온갖 혼란에 갇혀 있던 저는 열심히 성경공부를 하면서 하나님은 누구시고, 인간은 어떤 존재인지, 이 세상은 어떻게 창조된 것인지에 대해 명확하게 알게 되었습니다. 마치 창세기 말씀에 하나님께서 캄캄한 혼돈에서 빛을 지으시고 만물을 그분의 질서대로 지으신 것처럼 저의 엉켜버린 가치관과 무질서한 혼란들이 조금씩 정돈되어 갔습니다. 저는 말씀을 사모할수록 하나님께 감사한 마음이 들었고 더욱 간절히 기도하게 되었습니다. 실제로 학교생활에서 저는 많은 안정을 찾을 수 있었습니다. 교수님의 지도아래 성경을 연구하는 제자훈련 모임에 참석하여 교제를 나누었고, 갑자기 좋은 친구들을 많이 얻게 되어 큰 기쁨을 누렸습니다. 이 친구들과 함께 성경을 공부하고 찬양도 하고 식사도 하면서 교제를 나누다보니 외톨이 같던 소외감은 사라지게 되었습니다. 그리고 저를 사랑으로 섬겨준 친구들이 많은 책을 읽어주었고 과제물에도 여러모로 도움을 주어 학업도 훨씬 수월하게 해나갈 수 있었습니다.

빛과 함께 거닐며

첫 기도 응답

세례를 받은 뒤 열심히 신앙생활을 하면서 저는 하나님으로부터 크고 작은 기도응답을 체험하였습니다. 사실 세례를 받기 전에 예수님의 이름으로 간절히 구한 기도에 놀라운 응답을 받은 적이 있습니다. 집을 떠나 학교 기숙사로 이사를 간 1999년 봄, 갑자기 심한 감기가 걸린 것처럼 열이 나고 얼굴이 화끈거리면서 온몸이 견딜 수 없을 만큼 간지러워 내과를 갔는데 뜻밖에도 수두라는 진단을 받았습니다. 거울을 볼 수 없으니 처음엔 잘 몰랐는데 진단을 받고 나서 자세히 만져보니 얼굴 여기저기에 빨간 물집들이 생겼고, 몸도 군데군데 부풀어 올랐습니다. 의사선생님은 학교도 가지 말고 사람들을 당분간 만나서는 안 된다고 하셨습니다. 그리고 상태가 매우 심한 편이기 때문에 얼굴과 몸에 흉터가 남게 될 것이라는 말씀도 하셨습니다. 저는 얼마나 놀랐는지 모릅니다. 어릴 때도 걸리지 않았던 수두를 20대 중반에 걸린 것도 놀랄 일인데 흉터까지 생길 것이라니……. 눈이 안 보여 병원에 미리 가보지 못해 이런 일이 다 생겼구나 싶어 너무나 서럽고 속상했습니다. 기숙사에 못 가고 바로 집에 와서는 하나님께 기도를 드리기 시작했습니다. 눈이 안 보이는 장애를 감당하며 살아가는 것도 힘든데 이번엔 얼굴에 흉터까지 생긴다니 그것도 제가 보이지 않아서 더 심하게 된 것 같아 통곡하면서 제발 깨끗하게 낫게 해달라고 기도했습니다. 예수님께서는 문둥병 환자도 고치시는 분인데 그 손으로 제 얼굴과 몸에 흉터가 남지 않고 수두가 깨끗하게 낫게 해달라고 간절히 기도했습니다. 그런데 정말 기적이 일어났습니다. 그 이튿날 다시 병원에 가보니 의사선생님께서 생각보다 빨리 증상이 가라앉았다며 며칠 약을 먹고 잘 쉬면 흉터가 남지 않고 나을 것 같다는 말씀을 하신 것입니다. 수두 때문에 드린 기도는 제가 주님께 받은 첫 기도응답이자 가장 구체적인 응답입니다.

기적 같은 치유

그 후로도 몸이 아플 때 치유의 응답을 뚜렷하게 받았던 일이 두 가지 더 있는데 하나는 제가 다니던 한국맹인교회 부흥회에서의 일이었습니다. 유난히 추운 겨울, 저는 천식 환자처럼 밤만 되면 심한 기침으로 잠을 편히 잘 수 없었습니다. 그런데 강사로 오신 목사님께서 부흥회 마지막 날에 일일이 성도들에게 안수기도를 해주겠다고 하시면서 믿음으로 기도하면 병이 낫는다는 말씀을 하셨습니다. 저는 한손을 가슴에 얹고 기침이 멎게 해달라고 간절히 기도했습니다. 신기하게도 그날 밤 집으로 돌아온 후 기침이 말끔하게 멎게 되었습니다.

　또 한 가지는 그 몇 달 뒤 봄의 일입니다. 앞으로 자세히 이야기하겠지만 2005년 저는 결혼을 했습니다. 결혼과 유학 준비, 대학원 공부 등으로 분주한 가운데 무리를 많이 할 수밖에 없었습니다. 몸을 혹사한 탓인지 방광염에 걸려 몇 달간 고생했습니다. 그리고 해가 바뀌어 다시 아랫배가 많이 아파서 방광염이 재발한 줄 알고 병원에 가서 검사를 받았는데 방광엔 이상이 없었고 왼쪽 난소에 5센티 가량의 혹이 생겼다는 진단을 받았습니다. 의사선생님은 요즘 젊은 사람들에게 흔히 있을 수 있는 일로 심각한 병은 아니라고 안심시켰지만, 신혼부부로 아이가 없는 제게 그 사실은 큰 걱정거리였습니다. 며칠 동안 많은 염려로 예민해져서 남편에게 짜증도 많이 냈습니다. 하지만 어느 순간 기도 중에 그 혹이 완전하게 사라질 것이라는 확신이 들면서 마음이 평안해졌습니다. 그 진단을 받았던 때는 미국의 원하는 대학으로부터 장학금이 보장된 입학편지를 받은 직후였습니다. 중도 실명인으로 점자가 서투른 저는 유학에 필요한 시험을 보는 데 불리할 수밖에 없었기 때문에 장학금까지 받으면서 입학하게 된 사실은 하나님께서 도와주시지 않으면 불가능한 영광스런 축복이었습니다. 그 사실로 온 식구들이 들뜨고 기쁜 와중에 갑자기 그런 좋지 않은 진단을 받으니 처음엔 크게 낙심이 됐습니다. 하지만 기도 중에 유학의 길이 열리게 된 것으로 인해 자칫 제가 잘나서 입학하게 된 줄로 알고 교만해질까봐 하나님께서 겸손히 자중하며 기도하라는 뜻으로 그러신 것이 아닌가하는 생각이 들었습니다. 완치에 대한 확신이 들면서 마음이 평안해진 며칠 후 검사를 해봤는데 암은 전혀 발견되지 않는다고 하여 저는 하나님께 감사기도를 드렸습니다. 그 후 틈만 나면 배 위에 손을 얹고 열심히 기도했습니다. 한 달 뒤 경과를 보기위해 병원에 갔을 때, 놀랍게도 혹이 완전히 사라진 것을 확인할 수 있었습니다. 의사선생님은 기적 같은 일이라며 축하한다는 말씀을 하셨습니다. 다시 한 달 뒤 더 큰 병원에서 정밀검사를 받아보았는데 모든 것이 정상이었습니다.

특별한 사랑과 함께 한 대학졸업

처음 예수님을 믿기 시작하면 누구나 그렇겠지만 저는 어린 아이 같이 아주 사소한 것들도 하나님께 의지하며 기도하였습니다. 매일 아침 등교하기 전 오늘 하루도 넘어지지 않고 안전하게 다니게 해달라고 기도를 드렸고, 수강신청을 할 때 따뜻한 교수님들과 친구들을 만나 순조롭게 공부할 수 있도록 도와달라고 기도했습니다. 과제가 있거나 갑자기 읽어야 할 분량이 생겼을 때도 당황하지 않고 책을 읽어주고 과제를 도와줄 사람들을 보내달라고 기도했습니다. 하나님께서는 단 한 번도 제 기도를 땅에 떨어뜨리시지 않으셨습니다. 매학기마다 좋은 친구들, 교수님들과 기쁘게 공부할 수 있었고, 다치거나 넘어진 적 없이 안전하게 학교에 다닐 수 있었습니다. 본격적으로 자취를 시작하게 되면서 저는 청소, 빨래, 요리까지 모두 감당하며 학업을 해나갔는데 역시 하나님께서 신실하게 저를 지켜주셨고 모든 학업과 살림을 순조롭게 해나갈 수 있도록 인도해주셨습니다.

같은 동네에서 자취를 하게 된 교회친구들과 반찬도 만들고 시장도 다니면서 언제든지 집에 모여 책을 읽으며 우정을 나눌 수 있었습니다. 한번은 집에서 혼자 커피를 끓이다가 뜨거운 물

이 다리에 튀어 작은 화상을 입은 적이 있었습니다. 데인 부분이 부풀어 오르는데 구급약도 없고 엄마가 걱정하실까봐 전화도 못 드리고 어쩔 줄 몰라 하다가 한 교회친구에게 전화를 걸었습니다. 실험실에서 실험을 하던 그 친구는 전화를 받고는 놀라서 실험복도 벗지 않은 채로 약을 사들고 자취집으로 달려와 저를 도와주었습니다.

그리고 대학시절 저에게 특별한 사랑을 베풀어주신 교수님들이 계십니다. 철학과 최소인 교수님은 1년간 특별 과외 공부를 시켜주셨습니다. 역사학과 구만옥 교수님은 제가 가진 시각장애가 고통만 주는 장애가 아니라 세상을 아름답게 볼 수 있는 통로가 될 것이라고 격려해주셨습니다. 그리고 지금까지도 큰언니처럼 다정하게 지내는 교육학과 나윤경 교수님과 저의 영적인 어머니 같은 김 교수님은 평생 못 잊을 고마운 분들입니다.

나윤경 교수님은 제가 교사자격증 취득을 위해 이수한 교직과정 수업에서 만났습니다. 지금까지도 연락을 주고받으며 저의 학업과 생활에 많은 격려와 지지를 보내주신 감사한 분입니다. 자취집에도

✽ 연세대 졸업식

자주 오셔서 밥도 사주시고 차도 마시며 많은 이야기를 나눴는데 항상 친구처럼 들어주시고 인생의 선배로 좋은 말씀을 해주셨습니다. 제가 한달 간 서울맹학교에 교사실습을 나갔을 때는 직접 찾아주시면서까지 격려해주셨고, 결혼식에도 오셔서 축하해주시는 등 저의 생활을 가까이서 살펴주셨습니다.

그리고 제 인생에 큰 영향을 끼치신 교수님이 계십니다. 그 교수님은 2000년 수업시간을 통해 알게 된 후 지금까지 제가 가장 많이 의지하고 존경하는 어머니 같은 스승입니다. 기쁠 때나 좋은 일이 생겼을 때, 슬플 때나 좌절할 때 저는 늘 철부지처럼 교수님께 전화로 귀찮게 해드리는데도 한 번도 싫은 내색을 하지 않으시고 제 모든 이야기를 들어주셨습니다. 시력으로 인해 낙담하고 우울해할 때 교수님은 성경말씀으로 위로해주셨고 기도해주시면서 저를 딸처럼 보살펴주셨습니다. 교수님은 어느 누구에게나 동일한 사랑과 관심을 아낌없이 베푸는 분이셨습니다. 연구실은 항상 학생들로 붐비곤 했는데 언제든 책을 읽고 서로 교제 할 수 있도록 개방해놓으셨습니다. 또한 교수님은 나눔과 섬김을 몸소 실천하셨습니다. 주머니가 얇은 학생들을 불러 점심도시락을 나눠먹었고, 교수님 방의 냉장고는 아예 학생들에게 내어주셔서 여러 학생들의 물병과 음료수 병으로 가득 차 있었습니다. 하루는 교수님께서 자택 지하실의 불을 모두 끄고 조심조심 걸어보시며 실명한 저의 기분이 어떤 것일까, 무엇이 불편할까를 체험해보셨다는 말씀을 하셨습니다. 어린 학생들의 고민을 세심하게 귀 기울여주셨고, 바쁘신 와중에도 늘 따뜻하게 품어주시며 학생들의 심리적 상황을 이해하고자 애쓰신 교수님의 삶을 통해 저는 예수님이 어떤 분이신지 배웠습니다. 이처럼 많은 친구들과 훌륭하신 교수님들의 사랑과 도움으로 저는 2002년 연세대학교를 졸업했습니다. 다시 학교로 돌아간 지 만 4년 만에 졸업을 한 것입니다. 처음 장애를 입고 나서는 다시 걸을 수 있을까, 학교에 나가 공부를 다시 할 수 있을까 염려하며 절망 속에서 웅크렸던 제가 당당하게 4년 만에 학사 학위를 받은 것입니다.

빛으로 들어가게 하신 분의 뜻을 좇아

점자와 흰지팡이 보행훈련

하나님의 사랑과 보호하심 아래 무사히 대학을 졸업한 후 저는 진로문제를 기도하면서 다시 점자를 배워야겠다는 결심을 했습니다. 컴퓨터의 발전으로 굳이 점자를 배우지 않아도 공부를 할 수 있었지만, 발표수업이나 물건 등을 정리할 때 점자를 익혀두면 도움이 될 것 같았고 무엇보다도 찬송가와 성경을 읽으면서 성가대와 교사

✱ 점자 배우기

로 봉사하고 싶어서 점자 배우기에 새롭게 도전하기로 한 것입니다. 2003년 봄 시각장애인 기초재활훈련을 다시 시작했을 때 제대로 교육받기 위해 시각장애인복지관 기숙사에 들어가 4개월을 숙식했습니다. 오직 점자와 흰지팡이 보행 훈련에 집중했습

니다. 점자를 성공적으로 배워 교회에서 봉사하게 해달라고 기도하면서 열심히 훈련에 임했는데 이번에도 하나님께서 저의 기도에 신실하게 응답해주셨습니다.

6년 전 처음으로 점자를 배울 때는 전신마비 후유증으로 손 감각이 둔하여서 아무리 집중하여 점자를 짚어 봐도 잘 느껴지지 않았습니다. 결국 도중에 점자 배우기를 포기할 수밖에 없었지만, 이번에는 손끝에서 조금씩 점자가 느껴지면서 천천히 읽을 수 있게 된 것입니다. 물론 처음부터 쉽게 점자를 읽게 된 것은 아니었습니다. 초반엔 손끝에 느껴지는 점자가 무슨 모양인지 알아맞히기 어려웠고, 오랫동안 한 자세로 앉아 점자와 씨름을 하려니 온몸에서 땀이 다 나면서 손가락에 쥐가 날 정도로 괴로웠습니다. 저처럼 중도에 실명한 사람들의 대부분이 이처럼 점자 익히기에서 큰 어려움을 겪습니다. 이런 고통을 잘 아시는 점자선생님의 인내와 탁월한 지도로 같이 훈련을 받던 중도 실명인들 모두가 점자 읽기에 성공했습니다. 저는 기도한 대로 시각장애인교회로 돌아가 성가대원으로 봉사를 할 수 있게 되었습니다. 눈물이 쏙 빠질 만큼 고되고 서러운 훈련이었지만 그 시간들은 제 삶에 많은 변화를 가져다주었습니다. 성경말씀과 여러 점자 매체물을 혼자서 읽을 수 있게 되어 타인의 도움 없이 스스로 할 수 있는 일의 범위가 넓어진 것입니다.

시각장애인복지관에서 만난 외국인 중도 실명자

저는 약간은 잔존시력이 있기 때문에 흰지팡이 보행을 배울 때

✽ 보행 훈련

전혀 빛을 느끼지 못하도록 안대를 가리고 엄격하게 훈련했습니다. 처음엔 너무 두려워 안대로 눈을 가리고 나면 한 걸음도 못 움직일 것 같았는데 차츰 어둠에 익숙해지면서 빛을 전혀 느끼지 못하는 시각장애인들의 심정을 이해할 수 있게 되었습니다. 함께 훈련을 받은 중도 실명자 중에 중앙아시아 타지키스탄이란 나라에서 온 '스파르탁'이라는 친구가 있었습니다. 시각장애인복지관에서도 외국인 중도 실명자를 훈련생으로 받아 교육시킨 경우는 처음이라고 했습니다. 그는 20대 중반으로 매우 어른스러웠고 배울 점이 많은 친구였습니다. 스파르탁은 러시아 내전으로 어릴 때부터 공장에서 일하며 가난하게 살았습니다. 러시아의 한국인 선교사님이 세운 교회를 나가기 시작하면서 열심히 봉사활동을 한 건장한 청년이었습니다. 소련이 붕괴된 후 혼란스러운 상황에서 중앙아시아 지역은 과격단체들에 의해 교회와 성도들을 향한 테러가 자주 있었다고 합니다. 이 친구는 당시 과격단체가 교회에 던진 폭탄의 희생자였습니다. 처음엔 부상을 입지 않았는데 건물 내의 다친 사람들을 구하고자 들어갔다가 다시 폭탄이 터져 온 얼굴과 몸에 화상을 입고 눈에 파편이 박히는 바람에 그만 시력을 잃게 되었습니다. 너무나 가난하고 열악한 환경이다 보니 그는 심각한 부상이었음에도 몇 주간을 진통제 하나 제대로 맞지 못한 채 누워서 지내야만 했습니다. 몇 주가 지나서야 의료선교 활동을 하시는 한국인 의사들이 스파르탁을 발견하고 치료했지만, 시기가 너무 늦어져서 눈은 어찌해볼 수 없는 상황이 되었고 오랫동안 파편이 박혀있던 안구조차 적출을 해야 하는 커다란 아픔을 겪게 되었습니다. 이렇게 감당하기 어려운 슬픔과 좌절을 겪은 스파르탁은 재활훈련을 하는 선생님과 다른 한국인 중도 실명자들을 깜짝 놀라게 할 만큼 모범적인 태도로 생활했습니다. 눈도 안 보이고 말도 통하지 않으며 음식과 기후도 맞지 않는 타국에서 스파르탁은 항상 규칙적이고 절도 있게 지냈습니다. 그 힘든 재활훈련 기간 동안에도 주일이면 금식을 하며 경건하게 기도했고, 누군가 잘 한다고 칭찬하면 "주님께 영광"이란 서툰 한국말로 화답하는 것이었습니다.

저에게 은혜를 끼친 친구는 스파르탁만이 아니었습니다. 스파르탁의 통역을 도와주러 와 있던 '아잠'이란 친구가 있습니다. 그는 고국의 어려운 내전과 가난한 생활에서도 열심히 살며 한국인 목사님의 도움으로 신학을 공부해서 전도사님이 된 친구였는데 그 친구의 이야기는 저를 여러 방면에서 크게 도전받게 했습니다. 기독교를 믿지 않는 가정에서 자란 아잠은 가족들의 반대와 핍박을 무릅쓰고 매일 새벽 3시에 기상하여 꼬박 2시간을 걸어 교회에 가서 5시부터 시작하는 새벽기도를 하루도 빠짐없이 드렸다고 합니다. 예수님을 전하고 싶었지만 예수님의 'ㅇ' 자도 꺼낼 수 없는 집안 상황이라 그저 묵묵히 새벽기도를 드릴 수밖에 없었다고 했습니다. 그러기를 3년, 어느 날 아버지가 온 가족을 불러 한방에 모이게 하고는

✽ KBS라디오 '김기현의 재활일기' 방송 중

"오늘부터 우리 가정은 예수님을 믿기로 한다."고 선포하셨다고 합니다. 기독교 탄압의 서슬이 퍼런 중앙아시아에서 그것도 내전과 종교 갈등으로 연일 불안한 상황 중에 아버지의 변화와 결심은 너무나 놀랍고 기적적인 사건이었습니다. 그 후 아잠은 한국인 목사님의 도움으로 신학을 공부할 수 있는 기회를 얻었고 스파르탁을 통역해주러 한국에 와 있을 당시는 태권도선교를 공부하기 위해 우리나라의 대학을 다닐 정도로 의욕적이었습니다. 비록 말이 안 통하여 서로 많은 이야기를 나누진 못했지만 이 두 사람의 삶은 제게 커다란 도전과 감동을 주었습니다. 제 자신을 돌아보며 부끄러운 점이 많았고, 저도 이들의 신앙을 본받아 기초재활훈련이 끝나고 복지관의 기숙사로 돌아온 후 매일 성경을 듣고 기도에 힘썼습니다. 처음에는 힘든 훈련 때문에 주어진 일들을 잘 감당하고 이겨낼 수 있는 힘을 달라는 기도에 머물렀지만, 점차 진로와 결혼 그리고 가족 구원을 간구하며 나아갔습니다.

KBS 제3라디오 '김기현의 재활일기' 방송

점자와 흰지팡이를 매일 손에서 놓지 않고 그야말로 시각장애인의 삶을 새롭게 살기 위해 세상을 향해 도전해갔습니다. 하지만 심적으로 고통스럽고 마음 아픈 일도 많았습니다. 특히 안대를 쓴 채로 흰지팡이를 들고 길을 나설 때면 제가 듣고 있다는 사실을 생각지도 않고 너무나 크게 혀를 끌끌 차며 지나가는 사람들도 있었고, 부탁하지도 않았는데 안내를 해주겠다며 무례하게 제 손이나 팔을 잡고 가는 사람, "귀는 잘 들려요?"라며 마치 앞이 안 보이면 귀도 안 들린다고 생각했는지 엉뚱한 질문을 던지는 사람 등 다양한 사람들을 겪게 되었습니다. 하루는 이런 저런 우울한 생각에 김 교수님께 SOS 전화를 드렸는데 그날 교수님께서 베드로전서 2장 9절과 10절의 말씀을 읽어주셨습니다.

오직 너희는 택하신 족속이요 왕 같은 제사장들이요 거룩한 나라요 그의 소유된 백성이니 이는 너희를 어두운 데서 불러내어 그의 기이한 빛에 들어가게 하신 자의 아름다운 덕을 선전하게 하려 하심이라

너희가 전에는 백성이 아니더니 이제는 하나님의 백성이요 전에는 긍휼을 얻지 못하였더니 이제는 긍휼을 얻은 자니라

제가 겪고 있는 일이 괴롭고 힘들어도 장차 많은 시각장애인의 선교와 복지를 위해 하나님이 택한 자녀이며 왕 같은 제사장으로 삼으실 것을 확신한다는 그런 위로와 축복의 말씀이었습니다. 대학 시절 내내 교수님께서는 제게 이러한 축복을 많이 해주셨지만 그때는 마음에 잘 와 닿지 않았고 그저 위로해주고자 하시는 말씀이려니 했습니다. 하지만 그날 전화로 읽어주신 성경말씀과 교수님의 축복은 저를 향한 하나님의 뜻이 무엇인지를 발견하고 앞으로 공부해야 할 방향을 깨닫게 해주었습니다.

한번은 이런 일도 있었습니다. 모 신문에 외국의 어느 시각장애인 여성에 관한 기사가 났었는데 제게 읽어주시려고 학교에 가져 오셨다며 공강 시간에 교수님실로 오라는 연락을 하셨습니다. 그 신문기사는 미국의 한 중도 실명 여성이 실명 후 고통을 겪던 중 자신과 비슷한 처지에 있는 다른 시각장애인들에게 보탬이 되는 일을 하고자 시각장애인을 위한 화면해설 방송을 제작하는 방송국을 차려 운영하게 되었다는 휴먼 스토리였습니다. 그 기사를 제게 읽어주신 뒤 교수님께서는 그동안 겪어온 재활과정과 에피소드를 전하는 방송활동을 하면 어떻겠냐는 말씀을 해주셨습니다. 저는 속으로 교수님께서 저를 지나치게 과대평가 하신다고 생각하면서 하루하루 대학공부도 친구들의 도움으로 겨우 해나가고 있는데 그런 일을 누가 맡기랴 하는 마음에 솔직히 귀담아 듣지 않고 웃어넘겼습니다.

그런데 우연이라고 하기엔 정말 신기한 일이 그때 교수님의 말씀을 들은 지 1년 뒤에 벌어졌습니다. KBS 제3라디오의 한 프로그램에서 제가 몇 년 동안 패널로 고정 출연하게 된 것입니다. 방송과는 전혀 무관하게 살아왔고 세상에서 내가 할 수 있는 일이 과연 있을지 잔뜩 움츠려 있던 제게 뜻밖에도 KBS에서 출연 제의를 해온 것입니다. 시각장애인을 대상으로 하는 라디오 프로그램이었는데 장애인의 스포츠 여가 활동을 주제로 이야기해줄 수 있는 사람이 없을까 찾던 중에 저를 아는 분이 프로듀서에게 추천해주신 것입니다. 저는 어안이 벙벙한 채로 방송국에 나가서 무슨 이야기를 하고 나왔는지도 모를 만큼 얼떨떨한 기분으로 20분 정도 제 생각을 전하고 왔습니다. 그리고 몇 달 뒤 제가 복지관에서 재활훈련을 하던 중 그 프로듀서께서 다시 전화를 주셔서 라디오에 고정으로 출연해달라는 요청을 전해왔습니다. 아예 '김기현의 재활일기'라는 타이틀을 만들어서 중도 실명인의 재활기를 소개하는 프로그램을 해보자는 것이었습니다. 그 제의를 받고는 깜짝 놀라지 않을 수 없었습니다. 제가 당당하게 무슨 일이든 할 수 있도록 길을 열어주시길 바라는 기도를 드려왔고, 시각장애인이 아니었다면 하지 못할 가치 있는 일을 소망해왔던 차에 이렇게 뜻 깊은 일을 할 수 있게 된 것입니다.

아픈 감정을 나누면서 받은 치유의 선물

저는 재활훈련을 받던 복지관의 양해로 일주일에 한번은 KBS에 나가 방송활동을 했습니다. 2003년 6월부터 회를 거듭할수록 청취자들의 반응이 좋다고 하여, 유학을 준비하느라 자진해서 그만둘 때까지 약 2년이 조금 안 되는 시간을 KBS 제3라디오의 '김기현의 재활일기' 코너를 맡아 진행했습니다. 실명이라는 감당하기 어려운 일을 겪으며 느낀 여러 가지 심정들, 다시 학교로 돌아가고 일상 생활을 하며 부딪친 크고 작은 에피소드와 다양한 재활정보에 대해 직접 원고를 써서 전달했습니다. 그냥 솔직하게 제가 겪었던 재활 과정을 일기처럼 쓰는 일이라 해도 매주 한번 새로운 주제를 가지고 글을 쓰는 일은 쉽지 않았습니다. 그러나 어디선가 나와 같은 아픔을 겪고 어떻게 해야 할지 몰라 힘들어하는 누군가에게 희망을 주고, 제가 아는 재활정보를 나눈다고 생각하면서 최선을 다했습니다. 불과 몇 년 전만해도 온몸이 마비되어 말도 못하고 침만 흘리면서 눈만 겨우 깜빡거리는 것으로 의사표현을 했던 제가 이렇게 회복되어 방송국에 앉아 많은 사람들에게 재활 과정을 소개할 수 있게 된 것은 하나님께서 도우시지 않았다면 불가능했을 것입니다.

방송을 하기 전에는 제 실명에 관한 이야기를 꺼리게 되고 시각장애로 벌어진 해프닝들을 자존심이 상해서 감추고 싶을 때가 많았습니다. 하지만 감사하게도 한 편 한 편 원고를 쓰면서 그런 제 자신을 객관적으로 생각하면서 마음 문을 열어 청취자들에게 소개했을 때 복잡하고 아픈 감정들이 하나하나 치유되었습니다. 실명 후 옷을 뒤집어 입은 줄도 모르고 외출한 이야기, 기름인줄 알고 식초를 모르고 넣어 달걀 프라이를 만들어 먹었던 일 등 재미있는 에피소드에서부터 제가 시각장애인인 것을 눈치 챈 택시기사 아저씨가 잔돈을 안 거슬러 주고 엉뚱한 곳에 내려줬던 일, 버스를 타고 동전을 요금함에 넣는다는 것을 그만 요금함 바깥으로 쏟아놓고는 어쩔 줄 몰라 울던 일 등 가슴 아픈 에피소드들을 나누면서 제가 느꼈던 감정들과 함께 우리 사회가 달라졌으면 하는 바람들을 솔직하게 전했습니다.

기도 응답과 하나님의 축복

재활훈련 후 시각장애인교회를 섬기며

두 번째 받았던 재활훈련은 힘들고 어려웠지만 저는 무릎 꿇고 기도하며 도전해갔습니다. 중도 실명인들에게 무척이나 어려운 점자읽기를 꼭 마스터하여 시각장애인교회를 나가 그분들을 섬기는 일을 하기 위해 열심히 배웠습니다. 하나님께서는 느리게나마 점자를 읽을 수 있도록 응답해주셨고, 점자로 된 가사를 파악하며 성가대로 봉사할 수 있는 자리에까지 이르게 해주셨습니다. 저는 2003년 9월부터 한국맹인교회를 다시 나갔습니다. 이 교회는 뜻이 있는 시각장애인들이 모여서 설립한 교회로 현재 약 300여명 정도가 출석하는 한국에서 가장 큰 규모의 시각장애인교회입니다. 주로 시각장애인과 가족들 그리고 장애인 선교의 비전을 가진 성도들이 출석하는 아름다운 교회입니다. 시각장애인들이 따로 모여서 교회를 이루는 일이 바람직하지 않다고 말씀하시는 분도 계시지만, 이곳 교회를 다니는 성도들은 장애인이지만 스스로 예배를 준비하고 봉사하고 교육하면서 교제하는 것에 대한 기쁨이 어마어마합니다. 나아가 장애인 선교를 장애인 스스로 부르심을 받고 함께 하고자 하는 뜻으로 교회를 이룬 것입니다. 저 역시 장애인이 별로 없는 일반교회를 출석해 본 일이 있었지만 그곳에서 제가 원하는 대로 봉사하고 다양한 활동에 참여하는 데는 많은 제약을 느낀 것이 사실입니다. 저도 교사와 성가대로 함께 참여하고 싶은데 저를 위해 점자로 교재를 만들어야 하고 가사를 점자로 찍어야하는 등의 번거로움이 있을수 있습니다. 그리고 장애인은 봉사를 하는 자리보다 봉사를 받아야 하는 자리가 더욱 자연스러운 경우가 없지 않습니다.

저는 대학 시절 제자훈련 모임에서 신앙의 교제를 나눈 뒤 소극적으로 예배만 드리고 도움을 받는 자리에서 일어나 적극적으로 예배에 참석하고 봉사해야겠다는 결심을 하게 되었습니다. 점자를 익히자마자 시각장애인교회에 출석하여 예배를 섬기기 시작했고, 출석한 그해와 다음해는 성가대와 청년부의 찬양대 활동을 하며 기쁘게 신앙생활을 할 수 있었습니다.

사랑하는 시각장애인 가족들

실명 후 얼마 안 되어 시각장애인교회를 다녔을 때는 교회 분위기가 많이 낯설고 다른 시각장애인 성도들과 융화되기 어려운 점들도 많이 있었습니다. 시간이 흐르고 다시 교회에 나가 낯익은 교우들을 만나니 너무나 반가웠습니다. 그리고 적극적으로 교회활동에 참여하면서 전보다 더욱 신앙생활이 즐거워졌습니다. 점자로 된 주보를 읽으며 성경봉독을 할 수 있었고 점자 찬송가를 금세 찾아서 찬양도 하고, 교회 내부를 눈 감고도 잘 아니, 누가 시각장애인인지 비장애인인지도 모를 만큼 시각장애인 성도들은 독립적이고 씩씩했습니다. 매주 금요일마다 드리는 철야기도예배는 전교인이 적극적으로 참여하고 있습니

✿성가대에서 찬양하는 기쁨과 영광

다. 하나님께서는 우리 시각장애인교회 성도들에게 복을 주셔서 부모가 시각장애인일지라도 그 자녀들은 비장애인 자녀들인 경우가 대다수입니다. 산꼭대기 산동네에 위치한 초라하고 낡은 교회지만, 주일예배는 물론이고 금요예배, 수요예배 때마다 고사리 같은 작은 손으로 앞이 안 보이는 엄마 아빠를 도우러 교회에 온 어린이와 성도가족들을 볼 때마다 이곳이 바로 주님이 세상과 구별하여 둔 노아의 방주 같은 곳이 아닌가 하는 생각이 듭니다. 재정이 부족하여 열악한 환경과 시설을 바꾸지 못하는 작고 가난한 교회이지만, 필리핀, 중국, 캄보디아와 같이 우리보다 가난한 지역의 장애인들을 위해 선교사를 파송하여 섬길 만큼 마음은 넉넉하고 아름다운 곳입

니다.

교회의 모든 기관이 아름답고 훌륭하지만 저는 제가 속했던 성가대원들 이야기를 빼놓을 수 없습니다. 우리 성가대는 반주자를 제외하고는 단원과 지휘자의 다수가 전맹인 시각장애인입니다. 어떻게 앞이 전혀 보이지 않는 사람들이 매주 찬양을 준비하고 지휘를 할까? 저도 처음엔 정말 궁금했습니다. 성가대 지휘자인 김선영 집사님은 앞이 전혀 보이지 않는 전맹 시각장애인임에도 뉴욕 맨해튼 음대에서 성악을 전공하신 소프라노입니다. 김선영 집사님은 공부를 마친 뒤 맹인교회에서 봉사할 마음으로 한국으로 돌아오셔서 우리 성가대를 지휘하기 시작하셨습니다. 매달 주일마다 드릴 찬양을 미리 선정해서 소프라노, 알토, 테너, 베이스 4파트의 멜로디를 직접 피아노로 연주하고 노래를 불러서 녹음한 테이프를 성가대원들에게 나누어주십니다. 우리 시온성가대 단원들은 주중에 이 테이프를 반복해들으면서 멜로디와 가사를 익히고, 주일 아침 일찍 모여 서로의 파트를 합창하여 맞춰보고 김선영 집사님의 노래 지도를 다시 받는 방식으로 연습했습니다. 예배를 마치고 나면 식사 후에 다시 모여 다음 주 성가곡을 연습합니다. 실제로 우리 성가대원들은 일주일에 두 곡의 성가곡을 마스터해야 하는데 어렵긴 하지만 다들 성심으로 참여하고 있습니다. 예배 때도 지휘자 없이 피아노 반주를 듣고 호흡을 맞춰야 하기 때문에 반복된 노력과 연습으로 열정적으로 주님을 찬양하고 있습니다.

매번 곡을 선정하여 녹음하시는 김선영 집사님의 노고와 함께 성가대장으로 매주 악보를 관리하실 뿐만 아니라 성가대실을 청소하고 대원들에게 차를 대접하는 김흥두 집사님의 숨은 봉사도 지금 이 글을 통해 감사하다는 말씀을 전하고 싶습니다. 물론 김흥두 집사님도 전맹이십니다. 빛을 전혀 보지 못하시는 분이 뜨거운 물주전자를 나르며 커피, 홍차 등 다양한 메뉴로 성가대원들에게 차를 대접하고 물걸레를 들고 다니면서 청소하고 악보를 파트별로 관리하는 일이 얼마나 수고스럽겠습니까? 이외에도 우리 성가대에는 내로라하는 시각장애인 재주꾼들이 많이 계십니다. 독학을 하다시피 하여 서울예전에서 실용음악을 전공한 장유경 자매, 서울맹학교에서 음악선생님으로 교편을 잡고 계시며 못 다루는 악기가 없으신 이봉길 집사님, 찬송가 몇 장하면 이미 피아노와 플룻 반주가 절로 나오는 박하균 집사님과 이운행 집사님 등 이런 분들을 볼 때마다 하나님께서 앞이 보이지 않는 시각장애인들이지만 얼마나 놀라운 선물을 주셨는지 감탄하지 않을 수 없습니다.

한국맹인교회에서 정안인 배우자를 만나다

제가 한국맹인교회를 사랑하고 아끼는 이유는 여러 가지가 있습니다. 가장 큰 이유는 시각장애인의 복지와 선교에 헌신하는 일이 저의 소명이란 것을 이 교회를 통해 깨닫게 된 것입니다. 그리고 또 하나 중요한 이유라면 바로 여기서 평생 함께할 배우자를 만난 것입니다.

하나님은 참 재미있는 분이십니다. 대학 시절 이성에게 관심을 많이 가지고 있을 때는 안 보여주시더니 모든 걸 맡기고 기쁘게 봉사하겠다고 찾아온 교회에서 저의 반쪽을 만나게 하시니 말입니다.

2003년 9월 28일, 제가 다시 맹인교회를 출석하게 된 바로 그날 오묘하게도 신랑은 저를 집까지 데려다주었습니다. 그는 정상시력을 가진 비장애인인데 부모님이 시각장애인이어서 우리 교회를 출석하여 많은 일들을 도맡아 해온 성실한 사람이었습니다. 예전에 안면이 있던 사람이었지만 워낙 숫기가 없는 남자여서 말도 잘 걸지 못했고 인사도 거의 나누지 못했습니다. 다시 교회에 나간 첫날 뜻밖에도 그는 저를 데려다주겠다며 팔을 내미는 것이었습니다. 워낙 산동네에 위치한 교회이고 험한 언덕길에다 오랜만에 찾아온 길이어서 혼자 돌아갈 자신이 없어 지하철역 입구까지만 데려다달라고 하고 같이 길을 걸었습니다. 그런데 그가 갑자기 안내보행을 하던 팔을 빼고는 손을 내밀었습니다. 시각장애인을 안내해서 함께 길을 걸을 때는 정안인의 팔꿈치 부분을 시각장애인이 살짝 붙잡고 나란히 걷는 것이 바른 예입니다. 그렇게 하면 시각장애인이 자신보다 반보 정도 앞서서 걷는 정안인의 위치를 파악해서 층계를 내려가는지 올라가는지 감지할 수 있고, 안전하게 장애물을 피해 걸을 수가 있습니다. 흔히 잘 모르는 이들은 무조건 시각장애인의 몸을 감싸듯 안거나 붙잡고는 말로 일일이 설명해가며 길을 안내하려 하기 때문에 보기에도 좋지 않을뿐더러 시각장애인이 큰 부담과 불편을 느끼게 됩니다. 부모님이 시각장애인이고 오랫동안 시각장애인교회에서 봉사하며 섬겨온 그가 올바른 안내보행법을 모를 리가 없었습니다. 그런데 그날 안내보행을 하다가 갑자기 팔에 땀이 나서 좀 그렇다면서 제 손을 잡고 가겠다고 하니 처음엔 놀라기도 하고 속으로 이 남자가 왜 이리 엉큼한가 싶어 기분이 별로 좋지 않았습니다. 제 대답을 채 듣기도 전에 그는 손을 잡고 성큼성큼 걷기 시작했습니다. 지금도 유난히 땀이 많아서 한겨울에도 이불을 잘 덮지 않는 사람인데 늦여름 더위가 한창이던 그날, 저를 데려다주며 긴장까지 한 남편은 온몸이 땀으로 젖어 혹시나 제가 불쾌해하지 않을까 싶어서 도저히 자신의 팔을 내밀지 못했다고 한참 후에야 그날의 일을 이야기해주었습니다.

처음 손을 잡고 걷자는 말이 어색했지만, 시각장애인을 저보다 훨씬 잘 알고 있고 교회를 오랫동안 섬겨온 신실한 사람이어서 막상 손을 잡고서 이런 저런 이야기를 하며 걷다 보니 그에게 친근함을 느끼게 되었습니다. 지하철역까지만 바래다주기로 한 것이 이야기에 빠져 어느덧 역 안까지 가게 되었고, 지하철이 들어오자 2호선 지하철을 갈아타는 을지로역까지, 급기야는 신촌역 그리고 마을버스 타는 곳으로, 결국은 제가 친구와 살았던 자취집 앞까지 가게 되었습니다. 제가 시각장애인교회를 다니지 않던 몇 년간 교회에서 생겼던 일, 각자의 삶에 대한 이야기를 나누다보니 집 앞까지 다다르게 된 것입니다. 그는 다음 주에 교회를 같이 가자며 제게 전화번호를 가르쳐주고는 헤어졌습니다. 그런데 그 다음 주에 저는 택시를 타고 교회를 가느라 신랑에게 전화를 하지 않았고, 2주 정도 그의 연락처를 받았다는 사실을 잊은 채 지나갔습니다. 그리고 나서야 비로소 그의 연락처를 받아둔 일이 기억나 주일아침 교회를 같이 가자고 명동역에서 만나자는 전화를 했더니 그는 뜻밖에도 너무나 난처한 목소리로 여의도에서 열리는 인라인스케이트 대회 참가로 못 가겠다고 하는 것이었습니다. 저는 속으로 무슨 장로, 권사님 아들이 주일날 그런 일정을 잡나 하며 의아스러웠습니다. 그런데 주중에 그는 제게 전화를 하여 다음 주에는 꼭 같이 교회를 가자고 했습니다. 저는 속으로 어떻게 할까 망설이다가 매번 택시를 타고 가기도 부담스럽고 해서 명동역에서부터 교회까지 가는 길을 배우려는 생각으로 만나자고 하고는 주일 아침에 명동역에서 그를 다시 만났습니다. 저 멀리서 뛰어오는 그를 발견했는데 뜻밖에도 그는 자신의 5살짜리 조카와 손을 잡고 함께 뛰어오는 것이었습니다. 그 모습이 얼마나 다정하게 느껴지던지 마음에 있던 실망감도 잊은 채, 이 사람 참으로 따뜻하고 자상하구나 하는 생각이 들었습니다. 그는 아이들을 참 좋아했는데 아이들 역시 그를 무척 따랐습니다. 결혼한 후에 우리 언니들의 아이들 모두 얼마나 이모부를 따르던지 이모인 저보다도 신랑을 더 찾을 만큼 그는 아이들에게 인기가 좋았습니다. 가정적이고 자상한 사람을 좋아했던 저는 그날 어린 조카의 손을 잡고 온 그에게 다시 친근감이 들었습니다.

누가 장애인 아내와 결혼할까?

그 후 그는 제게 문자 메시지 보내는 방법도 가르쳐주었고 맛있는 밥도 사주며 데이트 신청을 해왔습니다. 제가 일전에 명동역에서 만나자는 부탁을 거절한 일을 이야기하자 그는 저를 첫날 데려다주고 나서 계속 제 전화를 기다렸는데 막상 주일에 연락이 오지 않아 많이 상심했다고 했습니다. 그 다음 주도 기다리다가 전화가 오면 교회를 가고 그렇지 않으면 인라인 대회를 나가야지 결심을 하고 기다리다가 끝내 연락이 없어 여의도에 갔는데 대회장에 도착하자 제 전화가 와서 많이 안타까웠다는 이야기를 하는 것이었습니다. 신랑은 축구, 인라인스케이트, 탁구 등 운동을 매우 좋아하고 즐기는 사람입니다. 사실 부모님이 간절히 바라서서 어쩔 수 없이 교회를 나가긴 했지만 예배당 제일 뒷줄에 앉아서 졸거나 예배가 끝나기 무섭게 도망가서 식사를 하는 사람이었다는 말을 교회 후배들이 전해주었습니다. 후배들은 신랑에 얽힌 재미있는 해프닝을 몇 가지 전해주었는데, 어느 주일날 목사님께서 십일조를 올린 성도 이름을 말씀하시다가 신랑의 이름이 나왔다고 합니다. 교회 후배들이 웬일인가 싶어서 예배당을 둘러보았지만 막상 헌금을 올린 주인공인 신랑의 모습은 보이지가 않았습니다. 신앙심이 깊으신 시어머님께서 교회에서 봉사활동을 열심히 해온 공로로 아들이 집사 직분까지 받았는데 예배만 겨우 드리고 헌금도 잘 하지 않는 아들이 안타까워 십일조 헌금을 대신 해주신 것이었습니다. 다행히 저와 데이트를 시작하면서 신랑은 교회를 섬기는 데 매우 열심이었고 성경공부도 빠지지 않게 되었습니다. 그리고 나중에는 아동부 교사로 헌신하며 더욱 하나님을 가까이 믿게 되었습니다. 천성이 착하고 누구에게나 붙임성 있는 성격이어서 저는 처음엔 신랑이 저에게 특별한 관심을 가지고 있는지 전혀 몰랐습니다. 어느 날 교회식당에서 식사를 하는데 친한 언니가 제 옆구리를 쿡쿡 찌르면서 "관용 오빠가 아무래도 너에게 관심이 있는 것 같아. 착하고 좋은 오빠니까 잘 교제해봐." 하는 것이었습니다. 저는 이 말을 듣고 관심을 가지고 신랑을 지켜보게 되었는데 정말 신랑이 저를 특별하게 대해주며 좋아하는 것 같은 인상을 느꼈습니다.

저는 곰곰이 그동안 주님께 드려왔던 배우자에 관한 기도제목을 하나둘 떠올리며 신랑을 관찰했습니다. 서로에게 관심이 있어서 교제를 한다면 결혼을 전제로 해야 한다고 생각했기 때문에 선뜻 마음을 열고 다가서기가 조심스러웠습니다. 이 글을 쓰고 있는 지금은 이미 결혼을 해서 2년차 신혼부부로 살고 있어서 그런지 모르겠지만 저는 신랑을 보면서 이 사람이야말로 하나님께서 저를 위해 예비해주셨고, 제가 기도하며 찾던 바로 그 배우자구나 하는 확신을 가지고 있습니다. 저는 원하는 배우자에 대해 구체적이고 솔직하게 아뢰며 간구했습니다. 가족 중에 저와 같은 시각장애인이 있는 사람, 믿는 가정에서 성장한 신앙이 좋은 사람, 자상하고 가정적인 사람(예를 들면 요리를 잘하고 아기를 돌봐줄 수 있는 사람), 나와 같이 미국으로 가서 공부를 도울 수 있는 사람, 진실하고 건강하고 많은 사랑을 베풀 줄 아는 사람, 컴퓨터를 잘 하고 운동을 좋아하는 사람, 무엇보다 두 사람 모두 서로를 깊이 사랑하는 사람 등입니다. 누군가는 제가 이렇게 기도하고 있다고 하면 신랑을 찾는 건지 신부를 찾는 건지 모르겠다고 놀리기도 했지만 저는 기도제목대로 꼭 그런 배우자를 만나고 싶었습니다. 가족 중에 장애인이 있으면 저의 아픔과 불편함을 한결 더 깊이 이해해주실 것 같고, 시댁 가족들에게 사랑받는 며느리로 지낼 수 있으리라 생각했습니다. 가정적이고 자상한 사람을 좋아하는 건 원래부터 그랬지만 특히나 제가 눈이 불편하니 아무래도 아이 양육과 가사노동에 자신이 없어서 신랑이라도 집안일을 즐겨하는 사람이길 소망했습니다. 컴퓨터는 제가 공부를 하는 데 꼭 필요한 도구인데 왜 그리 오류가 자주 나고 새로 설치해야할 프로그램들도 복잡하고 많은지, 대학시절부터 컴퓨터 때문에 고생을 많이 해서 아예 신랑이 컴퓨터에 능숙하면 좋겠다는 생각을 늘 해왔습니다. 이렇게 기도하면서 하나님께 만일 두 가정 중 한 부모님이라도 반대하시면 하나님의 뜻이 아닌 줄 알고 결혼하지 않겠다고 마음먹고 있었습니다.

'대한민국 남자 중에 이런 사람이 과연 있을까? 누가 장애인인 아내를 데려다 놓고 밥하고 살림하고 아기 돌봐주면서 살까? 장애를 가진 며느리를 반대하지 않는 분이 계실까? 모든 것이 충족된다 해도 과연 나를 돕기 위해 자신의 일을 접고 미국까지 동행하며 도와줄 사람이 있을까?' 때로는 기도하면서 저 스스로도 확신이 없고 한숨이 나올 때가 많았습니다. 그러나 신기하고 감사한 것은 그런 의구심이 들면서도 왠지 이 기도는 하나님께서 꼭 들어주실 것 같다는 믿음이 있었다는 사실입니다.

감동적인 결혼식

2005년 5월 5일, 저는 기도제목의 응답을 그대로 옮긴 배우자인 박관용 씨와 결혼했습니다. 하나님께서는 제 결혼 기도를 너무나 세밀하고 신실하게 이뤄주셨습니다. 신랑은 제가 기도한 이상으로 헌신적이고 가정적인 사람입니다. 결혼 전 요리학원까지 다니며 요리를 배웠고, 집안 살림도 웬만한 주부 못지않게 잘하는 만능 신랑입

✻ 웨딩사진

니다. 게다가 회사에서는 컴퓨터 담당 업무를 할 만큼 컴퓨터를 잘 다뤘고, 현재 저의 미국 유학을 위해 8년이나 다니던 회사를 미련 없이 그만둔 고마운 사람입니다. 아이들을 좋아해서 아동부교사로 섬기기까지 했으니 우리 하나님께서 얼마나 제 기도에 신실하게 응답해주셨는지요! 모교의 어느 교수님은 우리 부부를 볼 때마다 하나님께서 제게 '안성맞춤'인 신랑을 주셨다며 친정어머니처럼 기뻐하셨습니다. 교수님은 제가 실명하지 않았더라면 바람둥이 같은 남편 만나서 매일 울면서 지냈을지 모를 거라고 환한 미소로 반겨주시면서 하나님을 믿고 이렇게 신실하고 착한 신랑을 만나게 된 것을 축복해주셨습니다.

하나님의 은혜와 사랑 안에서 결혼예배를 올렸습니다. 많은 하객 분들이 오셔서 기쁨으로 축하해주신 가운데 불신자인 우리 부모님도 목사님의 주례로 결혼예배를 드리는 것을 기뻐하셨습니다. 사고로 평생을 절망과 낙담으로 살게 될지 모를 상황에서 지금껏 회복의 과정을 옆에서 지켜보던

✽ 결혼식

부모님과 언니들, 친구들, 이모와 친척 분들은 다들 목이 매여 눈물을 감추지 못했습니다. 재미있는 해프닝은 정작 저는 울지 않게 해달라고 열심히 기도해서 다행히 결혼식 날 울지 않았는데 결혼 서약을 낭독하던 신랑이 갑자기 눈물을 흘리는 바람에 많은 하객들이 울었고, 연주를 맡았던 친구마저 우느라 연주를 계속하지 못하는 일이 발생했습니다. 결혼식을 올린 동문회관에서도 이렇게 감동적인 결혼식은 처음이라며 시각장애인 하객들을 위해 서비스도 잘 해주셨고 사진 촬영과 도우미로 수고하신 분들까지 울먹이셨습니다.

남편의 헌신적인 도움

직장까지 그만두고 보스턴에 같이 와서 저를 헌신적으로 도와준 남편에게 고맙고도 미안한 마음이 큽니다. 제가 미안함을 전할 때마다 신랑은 부인 덕에 미국 구경도 하고 영어 공부도 한다며 신난다

고 말하곤 합니다. 실제로 남편은 정말 각오를 단단히 한 것 같았습니다. 매일 영어책과 회화 mp3를 손에서 놓지 않고 영어를 완전히 마스터하여 저를 더욱 세심하게 도울 것이란 목표를 세워놓고 공부하는 모습을 보면 얼마나 사랑스러운지요. 요리 실력도 얼마나 늘었는지 학창시절엔 책을 별로 좋아하지 않던 사람이 지금은 모든 요리책을 섭렵하는 독서광이 되었습니다. 각종 요리책을 미국까지 가지고 와서 매일매일 연구하며 요리실습에 열중합니다. 닭볶음탕, 순대볶음, 스테이크 그리고 매일 싸주는 점심 도시락 등 남편의 요리로 식사할 때마다 감사하고 고마운 마음입니다.

화기애애한 시댁 가족들과 함께하는 행복

더욱 감사한 일은 시각장애인 며느리를 기쁘게 맞아주시고 지금도 제 공부를 위해 기도하고 후원해주시는 시부모님과 시댁 가족들입니다. 시아버지는 3세에 홍역으로 시력을 모두 잃으신 후 고아원에서 성장하신 분입니다. 이제 조금씩 나아지고 있기는 하지만 장애인에 대한 편견이 심한데, 아버님께서 겪으셨던 1950~1960년대의 우리나라는 얼마나 장애인에 대한 차별과 냉대가 심했을까요? 아버님은 온갖 시련 속에서도 굴하지 않고 공부를 계속하셔서 시각장애인 학교인 인천 혜광학교의 교감선생님으로 교편을 잡으시다가 퇴직하셨습니다. 무엇보다도 존경스러운 것은 돌봐주는 분 없이 고아로 자라셨음에도 힘든 고난을 견뎌내며 유머를 잃지 않으시고 항상 긍정적인 삶을 살아오셨다는 점입니다. 세 자녀가 모두 정상 시력의 정안인이고 부족하나마 며느리까지 보셨는데도 일흔을 바라 보시는 아버님은 지금도 손수 밥을 지으십니다. 설거지도 항상 자신의 몫이라며 다른 가족들이 설거지꺼리 근처에 얼씬도 못하게 하십니다.

어머니 역시 저시력의 시각장애인이신데 아버님이 교편을 잡고 계시던 목포 은광학교에서 스승과 제자 사이로 만나셨다고 합니다. 어머님도 제가 진심으로 존경하고 사랑하는 분으로 교회에서 기도와 봉사활동을 많이 하기로 크게 알려지신 분입니다. 저시력 시각장애인이어도 전맹인 남편을 봉양하며 자녀를 세 명이나 낳아 키우신 점을 생각하면 정말 대단한 분이 아닐 수 없습니다. 지금도 교회 일에 열심이시며 신앙의 본을 보이시고 많은 성도들로부터 존경과 사랑을 받는 자랑스러운 분입니다. 어머님께 가장 감사한 것은 저와 대화나누기를 좋아하시는데 잡다한 일상 이야기에서부터 신앙 고민은 물론이고 남편과 싸운 이야기까지 솔직하게 나눌 정도로 편안하고 넉넉하게 대해주시는 점입니다.

비가 오나 눈이 오나 두 분 모두 새벽기도를 출석하시고 늘 저의 공부와 친정식구들의 믿음을 위해 기도해주십니다. 장애인, 비장애인을 떠나 며느리가 공부하는 것을 달가워하지 않는 시부모님들도 많은데 두 분은 며느리 공부를 위해 오히려 장남더러 기쁜 마음으로 돕고 뒷바라지 하도록 적극 권유하시고 기도해주신 멋진 부모님입니다. 웃어른으로서 존경하고 사랑하는 분들이기 이전에 두 분의 충성된 믿음의 삶을 보면 하나님을 섬기는 데는 어떠한 육신의 장애도 걸림이 되지 않는다는 교훈을 얻게 됩니다.

그리고 저보다 나이가 많은 시누이도 같이 쇼핑을 다니고 집들이와 구역 예배 등 집안의 대소사에 함께 하면서 화기애애한 가족애를 누리고 있습니다. 말수가 적은 시동생은 형수 결혼선물로 직접 나무를 잘라서 책상을 만들어주었고 여기저기 시장도 같이 다닐 만큼 마음 따뜻한 도련님으로 함께하고 있습니다.

안성맞춤, 일등 신랑에게 감사하며

✱ 2006년 10월 26일 목요일에 쓴 일기

오늘 아침 일어나니 남편은 이미 학원을 갔고 식탁 위에는 그가 정성껏 만들어 놓은 새우살 유부초밥과 과일 샐러드가 놓여 있었다. 늘 그렇듯 접시 옆에는 포크와 컵도 가지런히 정돈되어 있었다. 나는 유부초밥을 한입 깨물어 먹으며 신랑에 대해 생각했다. 관용 씨는 부족한 내게 매우 헌신적이고 선한 사람이다. 오늘처럼 먼저 나가는 날이면 항상 내가 일어나서 바로 아침을 먹을 수 있도록 밥상을 차려주고 컵과 포크, 휴지 등도 세심하게 준비해놓는다.

보스턴에 오기 전 한국에서도 그랬다. 자신은 우유 한잔 먹고 바삐 회사에 가면서도 나를 위해서는 밥을 차려놓고 깻잎을 한장 한장 먹기 좋게 놓아주는 것은 물론이고 생선살까지 일일이 다 발라 놓고 출근하곤 했다. 나는 관용 씨가 정성들여 차려놓은 아침을 먹으면서 얼마나 감사하고 고마운지 모른다. 그렇게까지 애써주지 않아도 된다고 해도 그는 내가 공부하는데 힘들어선 안 된다며 꼬박꼬박 정성스런 식사를 챙겨주었다.

여기 보스턴에서의 생활은 한국에서보다 훨씬 바쁘다. 한국에서는 늦잠도 자고 공부할 양도 그렇게 많지 않았는데 보스턴에서는 아침 7시에 인턴을 나가 업무를 하고, 대학원 수업은 저녁이 되어서야 끝난다. 회사 대신 학원을 다니는 관용 씨는 오히려 한가해져서 한국에서보다 더욱 나를 세심하게 챙겨준다. 인턴을 안 나가는 날이면 오늘처럼 아침을 차려주는 것은 물론이고, 인턴을 가는 날이면 간식과 점심도시락을 정성으로 싸준다. 도시락 정도는 사먹어도 되는데 생활비 아낀다며 밥이랑 계란찜, 야채 볶음 등을 야무지게 만들어주고 삶은 옥수수와 후식으로 먹을 오렌지도 빠뜨리지 않는다.

신랑은 나를 돕기 위해 결혼 전에 요리학원에 다니면서 요리연습을 했다. 보스턴에 와서도 요리책을 보면서 오늘은 뭘 만들어 먹나 고민하는 일이 큰 즐거움이라고 한다. 오죽하면 서울에서 시누이가 가을 스웨터를 한 벌씩 선물로 보내주면서 그 속에 반찬 만들기 요리책을 다 넣어주었을까!

덕분에 나는 늘 맛있는 식사를 할 수 있다. 새우튀김, 자장면, 잔치국수, 해물순두부찌개 등 정말 엄마가 해주신 것처럼 맛있다. 특히 쫄면과 비빔냉면 같은 면류를 좋아하는데 어떻게 양념도 그렇게

✽ 남편과 함께

잘하고 야채도 예쁘게 썰어서 넣어주는지……. 신랑은 간혹 내 친구들을 초대하여 불고기도 해주며 식사대접을 하는데 한국인이 아닌 친구들조차 신랑이 해주는 음식이 맛있다며 좋아한다. 나는 요리책을 붙들고 요리에 열중하거나 방문해준 손님들을 대접하며 좋아하는 관용 씨를 보면서 늘 감사하고 기쁘다.

어린 아이들은 엄마가 해주신 음식을 먹으며 모성애를 느낀다고 한다. 나 역시 어릴 때 엄마의 음식과 도시락으로 사랑을 느끼며 걱정 없이 공부했었다. 이제 부모님 곁을 떠난 지금 내 옆에는 관용 씨가 있다. 그는 나의 남편이면서 엄마이고 아빠이고 연인이고 친구인 셈이다. 신랑은 마치 부모님처럼 아무 걱정 없이 행복하게만 지내달라고 내게 이야기하곤 한다. 가끔 내가 정상의 시력을 가진 보통 여자였다면 어떤 남자와 결혼해서 살고 있을까를 상상한다. 누구를 만났을지 어떤 모습으로 살고 있을지 모르지만, 그 사람이 지금 내 신랑만큼 요리를 잘 해줄까? 아니, 부족한 나의 공부를 위해 자신의 직장을 그만두고 헌신적으로 아내를 섬겨줄 수 있을까? 자나 깨나 부모님처럼 나를 생각해주고 사랑해줄 수 있을까? 과연 이 모든 것을 만족시켜주는 사람이 있을까? 그 대답은 분명 'No'일 것이다.

김 교수님 말씀대로 그는 나의 '안성맞춤, 일등 신랑감'이다. 그런데 나는 신랑에게 무엇을 해주고 있는지 생각할수록 그에게 너무나 미안해진다. 신랑에게 해주기는커녕 종종 공부스트레스를 풀고 있으니 정말 한심한 아내다. 남들이 다 힘들다고 하는 유학 생활을 지금처럼 즐겁게 할 수 있는 것, 아무 걱정 없이 공부에 전념할 수 있는 것 그리고 내 마음이 이렇게 행복한 것은 모두 하나님이 보내주신 신랑 덕분이다. 나도 신랑에게 기쁨을 주는 아름다운 신부가 되고 싶다.

장애인을 돕기 위한 비전을 향해

특수교육 대학원에 진학

진로를 놓고 기도하던 중 하나님께서는 제게 장애인 선교와 복지에 대한 꿈을 심어주셨습니다. 부모님과 교수님들은 장애인에 대한 공부라면 선진국인 미국에서 공부하고 경험하는 것이 이로울 것이라며 오래전부터 미국 유학을 권하셨지만, 저는 기도 중에 우리나라의 장애인 교육과 정책들을 먼저 공부해두는 것이 좋을 것 같다는 결론을 내렸습니다. 실명을 한 후 너무나 정신없이 새로운 생활에 적응하며 자신을 추스르느라 유학에 필요한 영어공부도 미흡했고 우리나라의 장애인 교육과 복지 현실에 대해 먼저 배우고 알아야만 미국에 가서도 무엇을 연구해야할지 구체적으로 알 수 있으리라 생각했습니다. 어느 분야가 미국과 비교해서 우리나라에 절실히 필요한지 파악할 수 있을 겸하여 한국에서 우선 대학원을 진학하기로 결정한 것입니다. 감사하게도 제가 특수교육 대학원 진학을 염두에 두기 전인 학부시절, 아무 생각 없이 친구들을 좇아 교직 과목을 수강했었는데 그 덕에 교사자격증을 받게 되었습니다. 당시 연세대학교에 다니던 한 시각장애인 학생과 함께 저도 서울맹학교에 한 달간 교생실습을 나갔습니다. 막상 대학을 졸업하고 대학원에 진학하려니 교사자격증을 받아둔 일과 특수학교인 맹학교에서 실습을 했던 경험이 너무나 유용하게 작용했습니다.

2004년 저는 가톨릭대학교 특수교육 대학원에 진학했고 2006년 8월에 졸업했습니다. 교사들을 위한 대학원이어서 낮에는 수업이 없고 저녁에만 수업이 있었는데 이 역시 하나님께서 인도해주신 최적의 교육과정이었습니다. 낮에는 영어학원을 다니면서 유학 준비를 했고, '김기현의 재활일기' 라디오 방송 원고를 썼습니다. 저녁에는 대학원 수업을 듣고 공부를 하니 이이상 바람직한 시간활용이 어디 있겠습니까? 게다가 같은 과 대학원생들이 대부분 현직교사이어서 그분들을 통해 실제 교육현장의 이야기를 가까이서 듣고 배울 수 있었습니다. 그리고 부족하게나마 방송활동과 함께 시각장애인을 위한 연구소에서 아르바이트를 병행하며 현장 분위기를 익힐 수 있었습니다. 같은 과 동료 선생님들과 스터디를 함께 하면서 처음으로 교수님들과 장애인시설을 견학했습니다. 간접적으로 느껴왔던 우리나라 장애인교육과 복지현실에 대해 점차 피부로 느끼고 배울 수 있었습니다. 목표를 가지고 공부하니 특수교육을 공부하는 내내 즐거움이 많았습니다. 저는 미국에 미리 들어가 유학 첫 학기를 준비하느라 아쉽게도 이 뜻 깊은 대학원 졸업식에 참석하지 못했습니다. 엄마가 대신 집으로 우송된 학위증과 특수교사 자격증을 받으셨는데 너무나 기쁘고 감격스러워 눈물을 흘리셨다고 합니다.

동남아 장애인들의 비참한 현실

대학원을 다니던 중인 2005년 2월, 신랑의 설 휴가에 맞춰서 시부모님과 몇 분의 교회 집사님들과 함께 필리핀 단기선교를 다녀왔습니다. 시어머니께서 교회에서 선교부장을 맡고 계셔서 수고하시는 선교사님들을 위로하고 짧게나마 선교활동에 동참하기위한 여행이었습니다. 그때 아직 결혼하지 않은 때라 여느 시부모님 같으면 저를 데려가야 할지 고민이 많을 것입니다. 그러나 시부모님은 제가 앞으로 아시아의 시각장애인 선교와 복지에 많은 일을 하게 될 일꾼으로 쓰임 받게 되길 기도하시면서 아직 결혼하지 않은 장남의 여자 친구이지만 모든 비용을 마련하여 함께 여행길에 오르셨습니다. 철없는 저와 신랑은 한창 연애 중이던 때라 같이 외국 여행을 가게 된 것만으로 마냥 들뜨고 좋았습니다. 처음 며칠은 선교사님과 교회 어른들과 함께 몇 군데 관광지를 다니며 즐거운 시간을 보냈습니다.

하지만 곧 선교사님을 따라 방문한 선교지에서 저는 말할 수 없는 충격과 놀라운 현실들을 목격했습니다. 먼저 시각장애인들이 모여 산다는 장애인 마을을 방문했는데 그 실상은 말로 형용하기 어려울 만큼 비참하고 열악한 모습이었습니다. 어떻게 이런 길을 시각장애인들이 찾아다닐 수가 있나 싶을 만큼 위험하고 비탈진 길에 마을이 있었습니다. 길옆으로 하수가 흘러 악취가 심한 접경지에 판잣집을 짓고 부엌과 화장실도 없이 사니 그 위생 상태는 직접 보지 않고도 가히 짐작할 수 있을 것입니다. 그 판잣집이란 곳은 또

얼마나 부실한지 전기불이 전혀 들어오지 않아서 낮에도 늘 어두
컴컴했고 두 세평도 되지 않는 좁은 곳에 보통 서너 가정이 산다고
하니, 죄송스럽지만 짐승의 우리보다 못한 환경에서 많은 고충을 견
디고 있는 모습이었습니다. 그곳을 방문한 저와 교회 분들은 모두
가 할 말을 잃었습니다. 어려운 세대를 지내오신 시아버지는 우리나
라의 50~60년대 전후의 모습도 이 정도는 아니었다며 너무나 안타
까워하셨습니다. 부족한 국가 재정으로 장애인이 아닌 사람들도 이
런 모습으로 사는 가구가 많은 현실에서 시각장애인이라고 하여 정
부로부터 보조금을 충분히 지원받을 수 있는 형편이 못 되었습니다.
이들을 돌보는 역할은 오직 선교사님들의 몫이었습니다. 그나마 저
희가 방문했던 시각장애인 마을에는 선교사님이라도 계시지만 마
닐라가 아닌 더 깊은 시골에 있는 장애인들의 삶은 어떨지 감히 상

✱ 필리핀 아이들과 함께

상도 못할 정도라고 합니다. 이러한 필리핀의 현실에 비하면 우리나라는 얼마나 풍족하고 좋은 환경인지요? 얼마 전 한국의 시각장애인들에게도 생존권의 위협을 느끼게 하는 안타까운 일이 있었지만, 그때 그 가난하고 말로 형용하지 못할 정도로 힘들게 사는 필리핀의 장애인들을 보면서 다시금 장애인 고용과 적절한 교육을 받도록 배려하는 것이 얼마나 중요한 일인지 절실하게 깨달았습니다.

선교사님은 시각장애인이 군락을 이루어 사는 마을을 찾아다니면서 그들의 건강을 살피고 식량을 나눠드리면서 영의 양식인 예수님을 전하는 활동을 하고 계셨습니다. 또한 어려운 중에 교회를 세워 예배를 드리고 시각장애아동을 위한 유치원을 설립해서 아이들을 돌보고 양육하는 일을 하고 계셨습니다. 저희들도 그 시각장애아동을 위한 유치원에 가보았는데 필리핀 마닐라 한복판에 있는 유치원인데도 너무나 배고프고 갈 곳이 없는 아동들로 가득했습니다. 심지어 비장애아동들까지 멀건 죽 한 그릇을 받기 위해 몰려와 있었습니다. 아동들의 손을 잡고 함께 온 엄마들도 간식을 먹고 싶어하는 것을 보며 하나님의 사랑과 은혜가 필요한 영혼들이 이렇게 많구나 하는 것을 생각하지 않을 수 없었습니다.

필리핀 교도소의 진정한 예배

가장 인상적인 장소는 교도소였습니다. 필리핀의 교도소는 한국과는 달랐습니다. 건물 내 작은 방에 재소자들을 수용하는 우리나라의 교도소와는 달리 마을을 만들어 그 안에서 활동할 수 있는 형태였습니다. 그곳에서 재소자들은 기술도 배우고 비교적 자유롭게 교제할 수 있었고 엄격한 형식과 절차가 있었지만 가족들과 만날 수도 있었습니다. 대부분의 재소자들은 살인이나 사기죄 같은 무거운 죄를 지은 무기징역수들이었습니다. 단, 어린이 성폭행이나 유아살인 같은 엄중한 죄를 지은 사람은 교도소 마을 내에서도 철창이 있는 건물 내에 수용되어 밖에 나오지 못하게 격리시켰습니다. 선교사님은 매주 이 교도소를 방문하여 재소자들에게 예수님을 전하고 함께 예배를 드리면서 교제를 나누셨습니다. 처음 저도 그곳을 방문했을 때는 조금 무섭기도 하고 재소자들이 어떤 모습으로 예배를 드릴까 궁금하기도 했습니다. 그런데 그분들을 직접 만나서 같이 예배를 드리면서 큰 감동을 느끼게 되었습니다. 그들은 너무나 순수하게 하나님을 찬양했고 진지하게 기도했습니다. 그 모습은 교도소 밖에서 예배를 드리는 일반 성도들보다 더욱 아름다웠습니다. 동료 재소자들끼리 간증을 할 때나 선교사님의 설교시간에는 작은 부분에서도 박수를 치며 기뻐했고 눈물을 흘리는 것을 보면서 어린 아이처럼 순수한 그들의 마음을 느낄 수 있었습니다. 이분들이 정말 세상에서 중한 죄를 짓고 교도소에서 무기징역을 살고 있는 이들이 맞는지 믿어지지 않을 정도였습니다. 특히 찬양시간에 탬버린을 흔들며 온몸과 마음으로 정성을 다해 열정적으로 찬양하는 모습은 오히려 방문한 우리들에게 기쁨과 감동을 전해주었습니다. 신랑은 이분들의 눈빛과 표정을 보면서 너무나 큰 도전을 받아 무기력한 모습으로 찬양했던 자신이 부끄럽기까지 했다고 고백했습니다.

저는 재소자들과 함께 예배를 드리면서 천국이 바로 이런 모습이 아닐까, 생각했습니다. 이 세상에서는 누구나가 죄인입니다. 매일매일 거짓말을 하고 남을 속이고 교만을 품고 사는 죄가 끊이지 않습니다. 누가 '나는 평생 죄 한번 짓지 않았다.'고 자신할 수 있겠습니까? 살인하지 않고 남을 속이지 않았다고 해도 우리는 우리를 지으신 창조주 하나님을 멀리했고 그분을 거역한 원죄를 가진 자들입니다. 필리핀 교도소에서 보았던 재소자들의 찬양과 예배는 마치 죄악이 들끓는 세상 속에서 구원을 받고 천국에 간 사람들이 감격하며 기뻐하는 모습 그 자체였습니다. 그리고 교도소 안에 있는 재소자들이나 우리나 모두 하나님 앞에 죄인이고 죄사함을 받은 자인데, 왜 우리는 그들처럼 용서받은 자로서의 기쁨과 감격이 없는지, 왜 진정한 감동과 찬양의 예배를 드리지 못하는지 부끄러웠습니다.

장애인복지에 대한 나의 비전

저는 가난하고 열악한 동남아 지역 장애인들의 현실을 직접 경험해보면서 장애인복지와 선교에 대한 적극적인 마음을 가질 수 있었습니다. 그리고 그해 가을, 한 장애인단체의 지원으로 약 일주일간 캐나다를 여행하면서 캐나다 장애인복지시설을 견학하고 공부할 수 있는 기회를 갖게 되었습니다. 장애청년의 역량 강화라는 목표를 가지고 개최된 이 행사는 약 25명의 장애인 젊은이들을 선발하여 교수님, 장애 관련 전문가들과 함께 캐나다, 영국, 호주, 칠레, 탄자니아 등지에 파견하여 각 지역의 장애인 현실을 연구하는 프로젝트였습니다. 특히 제가 가게 된 캐나다는 '장애인의 고용'이라는 주제에

초점을 맞추고 있었는데 평소 다양한 복지정책 가운데 고용문제에 많은 관심을 가지고 있던 터라 선진국인 캐나다 장애인의 삶을 가까이서 체험하고 견학할 수 있는 기회는 제게 매우 유익했습니다.

토론토는 비행기로 14시간을 가야하는 먼 거리에 있는 도시이고 시차도 한국과 12시간 정도나 되어 저를 비롯한 여러 장애청년 참가자들에게는 육체적으로 매우 피곤하고 힘든 여행이었습니다. 여독이 풀릴 새도 없이 매일 평균 3곳 정도의 장애시설을 견학했고 밤마다 모여서 그날 배우고 느낀 것을 토론했습니다. 게다가 저는 그날의 모든 일과를 일지로 정리한 뒤 잠들었기 때문에 예상보다 훨씬 힘겹고 어려운 과정이었습니다. 그러나 그 일주일간의 고된 여행은 너무나 값지고 보람된 시간이었습니다. 토론토의 장애인들은 제 예상대로 한국과는 비교할 수 없이 여유롭고 안정적인 생활을 하고 있었습니다. 교육 현실도 일반인과 분리되지 않는 선진화된 형태에서 자유롭게 이뤄지고 있었습니다. 이렇게 교육부터 통합이 되어 있으니 직업 현실이 개방적인 것은 두말할 것도 없었습니다.

어느 장애 영역이든 자기의 적성과 개성에 맞게 직업을 가지는데 제약이 없었고, 실제로 그것이 가능하도록 법과 교육, 사회 제도적 장치가 마련되어 있었습니다. 정부 보조가 있지만 캐나다 장애인들은 그것에 의지하지 않고 능동적으로 일을 하기를 선호했고 그것을 적극적으로 돕는 활동보조인과 사회보장시설들이 잘 갖춰져 있었습니다. 가장 부러운 것이라면 장애인에 대한 일반인들의 인식이었습니다. 우리나라만 해도 시각장애인이 흰지팡이를 들고 길을 나서면 처다보고 혀를 차곤 합니다. 지체장애인들 또한 휠체어를 자유롭게 타고 다니지 못할 정도로 시선이 따갑고 도로 사정도 험하고 여의치 않아서 이동권을 쉽게 누리지 못하는 현실입니다. 제가 토론토에서 본 가장 특이한 점은 왜 그리 공공장소에 장애인들이 많은가, 하는 부분이었는데 그것은 토론토의 장애인이 우리보다 숫자가 많아서가 아니고, 우리나라 장애인들은 마음 놓고 외출을 하지 못하기 때문입니다. 토론토 시내의 백화점과 길거리에서 장애인들은 너무나 편안하고 여유 있는 모습이었습니다. 장애인들이 일하는 여러 일터도 방문했는데 중증의 장애인들이 열심히 몰두하며 일하는 모습에서 많은 감동을 받았고 그들만의 희망을 엿볼 수 있었습니다.

필리핀에서와 마찬가지로 캐나다 토론토에서 저는 이 땅의 다양한 장애인들의 현실을 체험할 수 있었습니다. 토론토 장애인들의 여유 있고 행복한 삶의 모습을 보면서 우리나라를 비롯한 열악한 동남아 장애인들의 미래는 어떻게 변해야 할지에 대해 구체적으로 고민해볼 수 있었습니다. 그리고 제가 무엇을 위해 공부하고 어떻게 헌신해야 할지에 대해서도 충분히 고민할 수 있는 시간이었습니다. 아직 한국은 장애인복지와 장애인을 바라보는 사회적 인식의 면에서 선진국 수준에 훨씬 미치지 못한다고 생각합니다. 빠르게 성장한 경제수준과 교육수준, 올림픽과 월드컵 등으로 나라의 위상은 높아졌지만, 사회에서 소외되고 있는 장애인 현실에는 그만큼 주의를 기울이지 못했고 이제야 차츰 관심을 가지고 변화해나가고자 하는 공론이 조성되고 있습니다. 한편으로는 보이지 않는 곳에서 장애인을 위해 열심히 봉사하고 자신의 영역에서 장애인을 도울 수 있는 일을 찾아 섬기는 분들도 계십니다.

전액 면제 영어학원이 있다니

저는 대학원을 다니면서 틈틈이 토플과 GRE 같은 유학 시험을 위해 영어학원을 다녔습니다. 시각장애를 가지고 학교를 다니는 일도 힘에 부치고 여러 가지 번거로운 점이 많았는데 영어학원까지 다니며 공부하려니 귀찮기도 했고 무척 신경이 쓰였습니다. 일일이 학원 강사들에게 제 사정을 말씀드리고 제가 이해할 수 있도록 소프트 파일로 된 교재를 얻는 것과 수업 장소를 찾아가야 하는 방법을 부탁해야 하는 등 어려운 절차가 한두 가지가 아니었습니다. 그래도 유학을 결단한 이상 물러설 수 없어서 용기를 내어 강남에 있는 모 어학원을 찾아갔습니다. 그곳에서 저는 뜻밖의 도움과 혜택을 받았습니다. 학원등록을 하러 간 날, 접수를 받는 분이 제가 시각장애인인 것을 아시자 장애인등록증을 제출하면 학원비가 전액면제라는 말씀을 해주셨습니다. 게다가 필요한 교재를 점자책으로 제공받을 수 있다는 이야기도 덧붙여주었습니다. 저는 잠시 제 귀를 의심했습니다. 웬만한 대학도 이 정도로 장애인 혜택과 편의를 제공해주지는 못할 것입니다. 학원을 다니면서 제가 만난 강사 분들 역시 매우 친절했고, 시각장애를 가진 학생들에 대해 잘 알고 계신 듯 했습니다. 저는 점자가 느려 도저히 점자로는 교재를 읽을 수 없어서 강사 분께 교재 파일을 구하여 노트북에 저장하여 들으면서 공부할 수 있었습니다. 다른 목적으로 유용할 수 있어 파일을 주길 꺼려할 수도 있는데 강사 분들이 기쁘게 교재 파일을 제공해주셨고 수업시간에 나눠주는 작은 프린트조차 일일이 챙겨주시는 등 적극적으로 저의 공부를 도와주셨습니다. 나중에 들은 이야기인데 학원 설립자이자 원장인 선생님께서 시각장애인들이 어렵게 공부해서 미국에 유학 가는 것을 몇 번 접해보시고 나서 감동을 받으셨다고 합니다. 그 후 공부를 하기 원하는 시각장애인 학생들에게는 수강료를 받지 않고 강사들로 하여금 최선을 다해 장애인학생들을 도우라고 지시하셨다고 합니다. 원장선생님처럼 자신이 얻은 명예와 물질을 사회에 환원하는 분들이야말로 우리 사회에서 칭찬과 존경을 받을 만한 분이 아닌가 생각됩니다. 저는 고마운 학원 측의 배려로 열심히 공부하며 유학준비에 임했습니다.

기현이의 유학 준비를 도운 일등공신들

저의 유학준비를 도운 가장 큰 일등공신은 뭐니 뭐니 해도 남편입니다. 학원 강사가 주신 교재파일은 대부분 책을 내기 위해 만들어진 것들이어서 눈으로 보기 좋도록 잘 꾸며져 있지만 시각장애인용 음성합성장치를 통해 제가 귀로 듣고 공부하기엔 불편했습니다. 남편은 일일이 그 교재파일들을 제가 잘 들을 수 있도록 고쳐주었습니다. 즉 어느 단어 아래 밑줄이 그어져 있는지 눈으로는 볼 수 있어도 귀로는 듣지 못하기 때문에 밑줄 그은 단어 앞뒤로 따로 표시를 해서 제가 알 수 있도록 일일이 수작업으로 수정해주었습니다. 회사 일로 자신도 바쁠 텐데 신랑은 노트북 가방이 무겁다며 시간을 쪼개어 저를 데리러 와주었고 도저히 파일을 구하지 못한 교재들은 목소리를 가다듬어가며 정성을 다해 녹음을 해주었습니다. 제가 바빠지면서 집안 살림을 돕지 못했는데 싫은 내색 없이 살림과 회사 일을 병행하면서 식단에 신경을 써주는 남편의 사랑과 섬김에 마음이 울컥할 때가 많았습니다.

하나님은 마음에 소망만 주시고 어려운 일을 혼자서 알아서 해결해가라고 그대로 내버려 두는 분이 아니십니다. 제가 최선의 결과를 얻을 수 있도록 항상 지켜주시고 늘 도움의 손길을 보내주셨습니다. 다른 정안인 학생들이라면 쉽게 해결할 수 있는 토플이나 GRE시험을 신청하는 일조차 저와 같은 시각장애인들은 4~5개월이나 걸리는 등 복잡하고 힘든 절차를 거쳐야 합니다. 비장애인학생들이 컴퓨터로 몇 번 클릭하면 간단히 신청할 수 있는 시험을 장애인학생들은 몇 가지 서류를 첨부해 미국으로 직접 우송해야 했고, 얼마나 엄격히 따지고 과정이 까다로운지 정작 시험을 치르기도 전에 응시 절차가 서럽고 힘들어서 눈물도 많이 흘렸습니다. 특히 저는 점자가 느린 관계로 모든 시험을 귀로만 듣고 응시했기 때문에 요구하는 서류가 더 많았고 심지어 시험의 기회를 잘 주려하지 않는 분위기도 있었습니다. 저는 하나님께 간절히 도움의 기도를 드렸고 하나님은 제 기도를 외면하지 않으셨습니다. 제자훈련 모임 때부터 저를 많이 도와주었던 한유나 자매와 나윤경 교수님의 소개로 알게 된 강윤아 자매가 적극적으로 도와주었습니다. 모든 서류들을 읽어주었고 필요한 서류를 같이 준비하면서 공부도 도와주었습니다. 듣기 시험뿐 아니라 문법, 독해 심지어 작문까지도 귀와 입으로만 풀어야하는 조건이어서 영어공부도 문제였지만 시험 방식에 제가 익숙해지도록 매일 반복하여 연습했습니다. 대학 시절 불문과 후배로 저를 많이 도와주었던 김봉석이란 친구는 회사에 다니면서 틈틈이 시간을 내어 GRE 수학을 가르쳐주었습니다. 눈으로 보며 푸는 것이 익숙한 수학을 실명하고 나서 일일이 귀로 듣고 암산해서 풀려고 하니 처음엔 적응이 되지 않아 맞은 문제보다 틀린 문제가 훨씬 많았습니다. 겨우 시험을 볼 수 있게 되었다고 해도 시험지가 늦게 도착한 때가 많아서 발을 동동 굴렀고 어떤 경우는 시험 문제가 녹음된 테이프만 오고 시험지가 오지 않아서 얼마나 애태우며 울었는지 모릅니다.

장애인의 직업을 둘러싼 사회문제

몇 번의 울고 웃는 가슴앓이 끝에 겨우 시험을 치른 후, 저는 몇몇 학교에 지원했습니다. 제가 전공을 하기로 결정한 분야는 재활상담이란 분야인데 우리나라에는 장애인의 직업을 연구하는 직업재활 분야로 더 잘 알려져 있는 학문입니다. 가톨릭대학교 특수교육대학원에서 특수교육을 전공하면서 저는 우리나라에서 가장 시급하고 절실하게 필요한 장애관련 분야가 바로 장애인의 직업이라는 현실을 발견했습니다. 특수학교에서 선생님들이 아무리 장애아동을 잘 가르치고 훈련을 충분히 시켰어도 실제로 그 학생들이 학교를 졸업하고 사회에 나가면 받아주는 일자리가 없어 다시 가정이나 수용시설에 돌아가는 현실을 종종 볼 수 있었습니다. 그나마 시각장애인에게는 안마업이란 유보직종을 허락해주어 어느 정도 타인의 도움 없이 자립할 수 있었는데, 얼마 전 비장애인 스포츠 마사지사들의 반발로 그 직업마저 계속해서 시각장애인이 고유하게 가질 수 있는 직업이 되지 못할 뻔한 일도 있었습니다. 점차 중도 장애인들이 급증하는 요즘은 교육수준과 구직에 대한 욕구가 더욱 다양해지고 있습니다. 하지만 우리사회의 장애인 일터는 충분치 않아서 장애인의 직업을 둘러싼 사회문제들이 발생하고 있는 것을 주목해야 합니다.

보스턴대학 입학허가서와 장학금 수여

미시간과 보스턴 등 3곳의 대학원에 원서를 보내놓고서 저는 다시 하나님께 기도했습니다. 처음으로 귀로만 듣고 풀어본 시험이어서 점수가 만족스럽지 않았기 때문에 과연 입학할 수 있을까 염려도 많이 되었습니다. 그리고 아는 사람 하나 없는 미국 땅에 부족한 영어로 새로운 분야를 공부하러 가는 일이 두려워 기도하지 않고는 견딜 수가 없었습니다. 저는 하나님께 특정 학교를 가게 해달라는 기도 대신 하나님이 인도하시는 학교를 가게 해달라고 기도했습니다.

감사하게도 저는 현재 보스턴대학 재활상담 분야 석사과정에 입학하여 꿈꾸던 공부를 할 수 있게 되었습니다. 하나님은 얼마나 신실하신지 저는 이번에 미국으로 유학을 오면서 더욱 깊이 경험했습니다. 원서를 지원해놓고 의례적으로 담당 교수님께 편지를 쓴다기에 각 학교로 편지를 보냈습니다. 그런데 보스턴대학의 학과장님이 유일하게 직접 답장을 해주신 것입니다. 아직 입학이 결정된 때가 아닌데도 보스턴대학을 다니거나 졸업한 한국인들을 주선해주셔서 저에게 연락을 하도록 하신 것이었습니다. 그때 인연으로 알게 된 분들이 '지선아 사랑해'라는 자전적 에세이로 크게 알려진 이지선 양과 박사 학위를 마치고 바로 한동대학교 교수가 되신 신성만 교수님이십니다. 저는 입학도 하기 전에 이 두 분과 전화와 편지로 교제하면서 학교에 대한 다각적인 정보를 얻게 되었습니다. 그 외에도 외국인이지만 이미 보스턴대학교에서 같은 프로그램을 졸업한 시각장애인 학생들과도 연결해주셔서 제가 학교로부터 받을 수 있는 지원에 대한 정보를 얻었고 사전에 교제할 수 있는 기회를 제공해주셨습니다. 어느 학교도 지원자를 이렇게까지 배려하고 도와주지는 않을 것입니다. 하나님께서 함께 하시니 이런 특별대우까지 받게 되는 게 아닌가 싶습니다. 그리고 오래지 않아 바로 보스턴대학으로부터 입학허가서와 장학금 수여장까지 받게 되었습니다.

감히 엄두조차 못 내던 유학을 결정한 일, 영어공부와 시험, 지원 절차 등 어렵고 힘겨웠던 모든 유학 준비 과정에서 제 힘으로 이룬 것은 단 하나도 없었습니다. 입학이 결정되고 나서 충족하는 영어점수를 뒤늦게 보냈지만, 입학을 허가 받은 당시는 사실 귀로만 듣고 푼 영어시험에 익숙지 않아서 학교에서 요구하는 영어 점수에 조금 못 미치는 점수를 제출한 상태였습니다. 그때 하나님의 역사는 성적표를 능가하는 것임을 깨달았습니다. 보스턴대학을 저보다 못한 사람들만 지원했을 리 없고 교수님들이 성적표를 잘못 보셨을 리도 없는데 그 모자란 점수를 가지고도 합격이 된 것을 보면 말입니다. 아마도 영어성적이 좋은 상태로 합격하고 나면 제가 잘나서 그런 줄로 알고 교만해질까봐 끝까지 겸손하게 주님만 의지하라고 그렇게 하신 것이 아닐까 생각해봅니다. 저는 보스턴에서 새로운 생활에 도전하고 있습니다. 저와 같은 장애인을 돕기 위한 비전을 향해 신앙으로 공급받는 힘과 지혜로 하루하루 걸음마를 떼고 있습니다. 마치 실명 직후 매일 아침 넘어지지 않게 해달라고 기도했던 것처럼 하나님께서 친히 제 눈이 되어주셔서 앞길을 살펴주시길 간구하면서 순간순간 의지하며 나아갑니다.

CHAPTER 3

보스턴 일기

미국 유학 첫 번째, 장애인에 대한 이해와 배려

미국 유학 두 번째, 전 과목 A를 맞은 외국인 시각장애인

미국 유학 세 번째, 기현이가 엄마가 된대요

미국 유학 네 번째, 풍성한 만남의 축복

장애인 복지에서는 선진국이라 할 수 있는 미국에서
장애인 관련 정책도 공부하고
직접 장애인 직업재활기관에 나가 상담을 배우면서
한국의 많은 장애인들의 삶을 개선해가는 미래의 꿈에
한 걸음 더 다가설 수 있었습니다.

미국 유학 첫 번째,
장애인에 대한 이해와 배려

미국 언어연수 학원의 장애인에 대한 각별한 배려

2006년 여름, 실명 후 꿈도 꾸지 못했던 미국 유학 생활을 시작했습니다. 시차와 지리에 익숙해지기 위해 입학 전에 미리 미국에 와서 4주 정도 언어연수프로그램을 신청했습니다. 특이하게도 저를 가르쳐주신 영어선생님은 저와 같은 시각장애를 가진 분이셨습니다. 학원에 등록하러 갔는데 저의 흰지팡이를 본 직원이 어떤 도움이 필요한지 먼저 물어왔습니다. 저는 늘 하던 대로 교재를 파일로 구해볼 수 있게 해달라고 부탁했습니다. 그 직원은 저를 학생 어드바이저께 소개시켜주었습니다. 학원을 오래 다닐 학생도 아닌, 4주짜리 수업을 듣는 학생인데도 미국인들의 장애인에 대한 배려와 관심은 매우 각별했습니다. 어드바이저 선생님과 상담한 뒤 제가 사용하는 시각장애인용 스크린 리더 프로그램을 알고 있는 다른 선생님을 소개받아 교재 파일 부탁을 드리고 돌아왔습니다. 놀랍게도 다음날 바로 제 메일에는 필요한 교재 파일이 도착되어 있었습니다. 특히 감사한 것은 그 어드바이저 선생님께서 저를 지도할 선생님으로 저와 같은 저시력 장애를 가진 아밀리아 선생님을 주선해 주신 것입니다. 그분들의 자상함과 신속한 배려에 정말 놀라지 않을 수 없었습니다. 아밀리아 선생님은 저보다는 시력이 좋으신 편이어서 큰 글씨도 읽으시고 학생들의 얼굴도 어느 정도 알아보셨습니다. 낯선 미국 땅에 도착 후 처음 배우는 곳에서 만난 아밀리아 선생님 덕분에 저는 한결 편안한 마음으로 영어 공부를 할 수 있었습니다. 첫 수업 날 선생님은 저를 직접 안내하여 학원 내부의 편의시설과 교실의 위치 등을 알려주셨고, 수업시간에도 칠판에 쓰신 모든 글을 다시 한 번 크게 소리 내어 읽어주시는 등 자상하게 배려해 주셨습니다. 교재파일과 함께 예습할 수 있도록 작은 프린트물 하나도 빠짐없이 메일로 보내주시니 공부하는 데 불편한 점이 별로 없었습니다. 그리고 짧은 4주였지만 같이 수업을 들었던 학원친구들에게도 감사한 일이 많았습니다. 일본, 대만, 베트남, 프랑스 등 10여 국에서 온 13명의 외국인 친구들이 하나같이 제 옆에 앉으면 교재를 읽어주었고 같이 회화연습을 하며 친절하게 대해주었습니다. 그들에게는 선생님도 시각장애인이고 같은 반 친구인 저도 장애를 가지고 있다 보니, 자신들의 모국에서보다 장애인과 더 가깝게 어울릴 수 있는 기회를 가졌을 것입니다.

감동의 롱펠로우 생가 견학

수업의 마지막 즈음에 유명한 미국 시인인 롱펠로우의 생가를 견학한 일이 있었습니다. 실명 후 박물관과 같은 유적지를 방문하는 일에 관심이 사라지게 되어 기대를 하지 않았는데 그날의 방문은 제게 큰 감동을 주었습니다.

✱ 롱펠로우 생가 견학

롱펠로우 하우스는 시각장애인 관람객을 위해 전시된 유물들과 집안 곳곳을 손으로 직접 만져볼 수 있도록 특별한 배려를 제공하고 있었습니다. 100년이 훨씬 넘은 역사적 가치를 지닌 전시품들이 상하지 않도록 흰 면장갑을 손에 끼고 만져볼 수 있도록 했는데 얼마나 반갑고 친절했는지 모릅니다. 비록 눈으로 볼 순 없었어도 롱펠로우의 조각상을 만져보면서 그가 어떻게 생겼는지 그려볼 수 있었고, 가구와 물건들을 만져보면서 그 당시 사람들이 살았던 문화를 짐작해 볼 수 있었습니다. 비장애인 친구들은 단체로 한 가이드의 안내를 받아 설명을 들으면서 전시 물건들은 절대로 손댈 수 없게 했습니다. 유독 저에게만 별도의 가이드가 동행하여 자세한 설명을 전해주면서 자유롭게 전시물을 만져볼 수 있는 특권을 주니, 오히려 다른 친구들이 저를 부러워하는 눈치였습니다. 롱펠로우 하우스의 직원들은 시각장애인에게 있어 손은 곧 눈이란 사실을 염두에 두고 있었습니다. 저는 장애인에 대한 이러한 배려가 오늘날 미국을 선진국으로 불리게 한 이유가 아닐까 생각해보았습니다. 이러한 배려 또

한 법에 명시된 것이란 점을 나중에 알았지만 1년 정도 살면서 겪어 온 미국 사회는 비단 그러한 제도적 장치에 의해서만 장애인을 보호한다기보다는 사람들의 의식 속에 이미 장애인과 같은 약자에 대한 인식을 바르게 가지고 있다는 느낌을 자주 받았습니다.

미국과 한국의 시각 차이

2007년 버지니아주에서 한국계 학생이 이민 사회에 대한 불만을 무차별적으로 터뜨려 많은 동료 학생들의 생명을 잃게 하고 자살한 총기난사사건이 있었습니다. 이 일로 한때 미국 사회는 커다란 충격을 받아 연일 뉴스와 토론채널에서 이 사건을 집중 보도했습니다. 그러나 정작 더 큰 충격을 받은 쪽은 한국 사회인 듯 보였습니다. 한국은 희생자들에 대한 애도의 표현을 넘어 미국 사회에 미안함을 표현했고 심지어 대통령이 직접 미국에 가서 사과를 해야 한다는 등 이번 사건을 확대하여 해석하는 뉴스를 들었습니다. 이러한 한국의 반응에 미국은 어색함을 표현하고 있었습니다. 이 사건이 처음 발생했을 때 저 역시 우리 동포가 저지른 안타까운 사건이어서 많이 놀랐고 희생자들에 대해 미안한 마음이 들었습니다. 그러나 미국인들은 사건을 일으킨 인물을 한 개인으로 바라볼 뿐 한국인이라는 인종적 측면으로 바라보지 않았습니다. 미국인들은 사건을 일으킨 그 학생을 미국인으로 생각했고, 다양한 인종들이 모여 사는 나라이다 보니 출신 국가에 대해 문제를 삼는 일은 매우 드물었습니다. 심지어 어느 나라 출신인지에 대해 물어보지도 않는 분위기였습니다. 만일 언론에서 범인의 출신 국적 문제를 거론하며 문제 삼는 내용이 한 줄이라도 발견되었다면 오히려 미국인들이 그 기사를 쓴 기자를 레이시스트(racist 인종차별주의자)라며 큰 비난을 퍼부었을 것입니다.

저는 이 사건을 보면서 미국과 한국이 가진 시각 차이에 대해 잠시 생각해보았습니다. 이 사건으로 모든 미국과 한국 사회의 분위기를 가늠해보는 것은 무리가 있지만 저는 한국 사회가 편 가르기를 좋아하고 다양성에 대해 쉽게 인정하지 못하고 포용하기 힘든 성향을 가지고 있지 않나 생각해봅니다. 가령 장애인을 바라볼 때 조금 몸이 불편한 사람, 관심과 사랑이 필요한 사람, 적당한 편의시설만 있으면 얼마든지 함께 어울릴 수 있는 공동체의 일원으로 여기면 좋겠는데 우리 사회는 나와 다른 세계에 사는 사람, 단지 불편한 것이 아니라 살 희망도 가치도 없는 불쌍한 사람으로 여기고 그런 시선으로 바라보고 있는 것을 자주 느낍니다. 학부형들은 자기 자녀의 학급에 장애인이 있다고 하면 어울리지 못하게 하려고 전전긍긍합니다. 자신이 사는 지역에 장애인 시설이나 특수학교가 들어서려고 하면 집값 떨어진다고 걱정부터 합니다. 저처럼 흰지팡이를 들고 길을 나서는 시각장애인을 만나면 민망할 정도로 쳐다보고 이내 "쯧쯧" 소리를 내며 불편한 마음이 들게 하는 일이 부지기수입니다. 흰지팡이는 시각장애인의 표시이고 보호받기 위해 사용하는 안전도구입니다. 우리 사회에서는 그것이 보호의 표시가 되지 못하고 장애인을 사회의 낙오자로 떨어뜨리는 기준으로 간주합니다. 흰지팡이를 들었다는 이유로 동정을 받을 이유가 없습니다. 사람들의 무지함과 교만함이 자신과 다른 장애인을 동정의 대상으로 몰아가고 있는 것입니다.

함께 존중하고 인정하며 사는 사회

얼마 전 매스컴을 통해 우리나라에도 외국인이 전체 인구의 2퍼센트를 넘어섰다는 뉴스를 들었습니다. 저는 우리나라 사람들의 외국인에 대한 이중적인 태도를 관찰하게 됩니다. 우리나라에 기업 주재원이나 지사장, 학원 강사 등으로 온 백인 외국인에게는 매우 후한 대접으로 호의적입니다. 하지만 고단한 근로자로 일하거나 농촌 총각에게 시집을 온 동남아시아인에게는 상대적으로 홀대하는 편입니다. 우리가 먼저 유색인을 홀대하는 교만한 시각을 버리지 않고 우월감을 가지고 있기 때문에 버지니아 총기난사사건을 두고 미국 사람들이 한국인을 멸시하고 공격하지 않을까 하는 두려움을 가지는 것은 아닐까요? 한국에 사는 외국인이 점점 늘어감에 따라 혼혈 자녀들도 많아질 텐데 그들에게 상처를 주게 되는 일이 생기지 않을까 염려가 됩니다. 작고도 작은 나라 게다가 세계 유일의 분단국으로 남은 우리나라에서 더 이상 장애인과 외국인, 다른 지역 출신, 타 학교 출신 등으로 편 가르고 멸시하지 말고 다 함께 존중하고 인정하며 사는 공동체성을 가진 사회가 되었으면 좋겠습니다.

미국 유학 두 번째,
전 과목 A를 맞은 외국인 시각장애인

보스턴대학 재활상담학

뜨거운 여름 열기가 식어갈 무렵, 설레는 마음으로 보스턴대학
에 첫발을 내딛었습니다. 새로운 학교와 교수님들 모두 친근하게 느
껴졌습니다. 하나님께서 신실하게 인도하셔서 이곳 교수님 중의 한
분을 미국에 오기 전에 만난 일이 있었습니다. 보스턴에 와서 그분
을 직접 뵈니 더욱 친근하게 반겨주셨고, 제가 나가게 될 인턴기관
까지 섭외해주셨습니다. 제가 전공하는 재활상담학은 학교에서 이
론만 공부해서는 안 되고,
일정시간 인턴을 통해 임
상경험을 같이 병행하는
실습 위주의 실용학문입
니다. 장애인 상담을 통해
직업을 찾도록 돕는 직업
재활과 좀 더 정신과 상

✱ 보스턴대학교 재활상담학 강의실 건물 앞에서

담에 가깝게 접근하는 심리상담으로 크게 두 가지 파트로 나뉘는데 저는 장애인에게 가장 절실한 직업문제를 연구하는 분야를 선택했습니다. 장애인 복지에서는 선진국이라 할 수 있는 미국에서 장애인 관련 정책도 공부하고 직접 장애인 직업재활기관에 나가 상담을 배우면서 한국의 많은 장애인들의 삶을 개선해가는 미래의 꿈에 한 걸음 더 다가설 수 있었습니다.

장애학생에 대한 탁월한 서비스

첫날 수업에서 저는 적지 않은 충격을 받았습니다. 지도교수님의 수업을 첫 수업으로 듣게 되었는데 교수님의 말씀이 너무 빨라 알아듣기가 힘들었습니다. 한술 더 떠 여기저기 손을 들고 자신의 의견을 발표하는 친구들의 말은 더욱 알아듣기가 어려웠습니다. 첫날 수업을 마치고 돌아와서 저는 울적한 마음에 다시 기도했습니다. 눈이 보이면 눈치로라도 무슨 말을 하는지 짐작하고 수업시간에 사용되는 파워포인트 자료를 읽으면서 대충 좇아갈 수 있을 텐데 그것도 할 수 없으니 완전히 시각과 청각의 이중 장애를 가진 학생이나 마찬가지였습니다. 수업 내용을 녹음한 것을 다시 한 번 들으며 정리하는 식으로 공부를 해보았는데 다행히 두 번째 들으니 못 알아들었던 교수님의 말씀이 하나둘 귀에 들어왔습니다. 과제로 내주시는 내용을 미리 집에서 읽고 수업 시간에 못 들은 부분은 녹음한 것으로 보충하니 어느 정도 좇아갈 수 있게 되었습니다.

감사한 일은 장애학생에 대한 서비스가 매우 잘 제공되고 있는 점입니다. 학교 부설 장애학생 서비스 기관에서 제가 수업 시간에 사용한 모든 교과서와 프린트물을 컴퓨터 파일로 만들어줘서 한국에서 공부할 때보다 훨씬 편리했습니다. 여기서는 전화 한통만 하면 이렇게 시각장애인을 위해 모든 교재를 만들어 보내주는데 한국에서는 아는 사람의 도움을 받아 일일이 스캔해서 파일로 만들어 공부해야했기 때문에 이만저만 힘든 일이 아니었습니다. 게다가 점자로 책을 점역하려면 시간과 비용이 많이 들고, 컴퓨터로 개인이 파일형태의 교과서를 만들기도 번거롭고 힘들어 중도에 공부를 포기하는 시각장애인들도 여러 명 보았습니다. 그 때문에 미국 학교의 이런 장애인 학생 서비스가 더욱 감사하고 부럽게 여겨졌습니다.

더욱 감사한 것은 장애학생센터에서 저를 전담하는 도우미 학생을 고용할 수 있었습니다. 저는 한학기당 평균 2명 정도의 도우미 학생의 도움을 받을 수 있었습니다. 첫 학기에 저를 도와준 친구는 같은 과의 미국인 친구로 수업시간에 노트를 해서 저에게 메일로 보내주는 일을 담당해주었고, 다른 한 친구는 길에서 우연히 만난 한국인 유학생으로 매주 집으로 와서 미처 파일로 만들지 못한 교재들을 읽어주거나 제가 쓴 리포트 등을 편집해주는 일을 도와주었습니다. 자원봉사 활동이기는 하지만 이 친구들은 학교에서 소정의 수고료를 지급받으며 봉사해주었습니다. 자원봉사 경력을 높이 평가하는 미국에서는 자원봉사 경력도 생기고 시간당 얼마의 수고료를 받으니 저도 그 친구들도 서로 좋은 일이 아닐 수 없었습니다.

인턴기관에서

1학년이었던 2006년과 2007년 봄에는 'CWS'라는 인턴기관에서 일주일에 사흘간 일을 배우면서 장애인들을 상담했습니다. 미국에 온지 몇 주밖에 안 되는 외국인이며 게다가 시각장애까지 있는 학생인 저를 인턴기관에서는 면접 후 흔쾌히 채용해주었습니다. CWS 의 수퍼바이저는 저와 나이가 비슷한 미국 여자 분이였는데 참 친절하고 좋은 분이었습니다. 일로 만나는 시간 외에도 제 숙제를 도와주었고, 스스럼없이 이야기 나누는 좋은 친구로 지낼 수 있었습니다. 그리고 제 어려움을 이해해준 수퍼바이저는 일하는 시간에도 밀린 학교 과제를 하거나 공부를 해도 좋다고 배려해주었고, 모르는 것이 있을 때는 언제든지 친절하게 알려주었습니다.

장애인들을 상담하는 일은 처음엔 긴장되고 어려웠지만 시간이

✽ 인턴기관 사무실에서

지나면서 편안함을 느낄 수 있었습니다. 한눈에 봐도 영어가 부족하고 눈까지 불편해서 나 같은 사람에게 상담하고 싶을 만큼 신뢰감을 느낄 수 있을지 염려가 되었지만, 사실 상담을 받으시는 분들에게 제가 오히려 큰 도움을 받곤 했습니다. 겸손히 저를 대해주며 믿고 상담하는 내담자의 모습, 영어를 가르쳐주겠다며 친근하게 대해주는 모습 등 오히려 제가 감동이 된 적이 많았습니다.

보스턴대학 입학생 가운데 최고의 성적을 거두다

하나님을 의지하고 믿음으로 나아가니 힘들고 어려울 것만 같았던 유학 생활의 첫 학기는 기적처럼 무난하게 마칠 수 있었습니다. 성적 역시 A 둘과 A- 하나로 입학생 가운데 최고의 성적을 거두었습니다. 미국 본토인들도 많고 비장애인들도 많은데 큰 불편함을 가진 시각장애인, 그것도 미국에 들어온 지 몇 주밖에 되지 않은 제가 그런 좋은 성적을 얻게 된 것은 하나님의 도움이 없었다면 불가능했을 결과입니다. 지도 교수님은 저의 노력과 태도에 감명을 받았다며 아낌없는 칭찬과 격려의 말씀을 해주셨습니다. 교수님들은 저의 성실한 노력에 감동을 받았다고 하셨지만, 사실 저는 미국 교수님들의 장애학생에 대한 배려와 사랑에 더 큰 감동을 받았습니다. 영어가 서툰 저와 대화를 하실 때마다 귀를 쫑긋이 세우고 경청해주셨고, 서툰 영어를 아주 잘 한다며 격려를 아끼지 않으셨습니다. 수업 시간에 발표할 때 엉뚱한 소리를 해도 늘 좋은 의견이라며 칭찬해주시니, 신이 나서 수업에 더욱 적극적으로 참여할 수 있었습니다.

한 과목은 교수님과 일대일로 앉아서 교수님이 물어보시는 질문에 답을 하는 방식으로 구두시험을 치러야했습니다. 저 하나 때문에 일부러 시간을 내야 해서 번거로우실 수도 있을 텐데 서툰 영어의 제 대답을 끝까지 경청해주신 교수님께 많은 감동과 감사를 느꼈습니다.

같은 수업을 듣는 학생들 가운데는 심한 뇌성마비로 거동이 불편하고 말을 하는데도 시간이 많이 걸리는 친구가 있었습니다. 미국인 학생들은 그 친구가 이야기하는 것을 한 번에 쉽게 알아듣지 못했습니다. 그러나 교수님들은 그 친구의 말을 어렵지 않게 알아들으시고 우리에게 설명까지 해주셨습니다. 많은 시간이 걸리더라도 그 친구가 끝까지 자신의 의견을 이야기하도록 기다려주셨습니다. 쉬는 시간에는 그 친구가 갈증이 나지 않게 직접 물을 먹여주시고 휠체어를 밀어서 화장실까지 데려다주시는 것을 본 일이 있습니다. 그것도 정년이 얼마 남지 않은 노교수이자 학과장님인 오르토 교수님께서 그렇게 하시니 감동을 넘어 충격 그 자체였습니다. 한국의 대학에서는 장애학생이 안전사고라도 낼까봐 입학 허락을 꺼리는 분위기를 경험했었지만, 보스턴에서는 이렇게 거동이 불편하고 말을 잘 못하는 학생들의 의견 하나하나를 세심하게 경청해주니 부러우면서도 마음이 아팠습니다. 보스턴대학의 교수님들처럼 한국도 장애학생을 따뜻한 사랑으로 대해주시는 분들이 많아져서 학생들 스스로 교수님에 대한 사랑과 존경으로 배움의 길을 기쁘게 걸어갈 수 있길 소망합니다.

미국 유학 세 번째,
기현이가 엄마가 된대요

아기를 주실 것이라는 믿음

　미국 유학길에 오르기 전 느꼈던 미래에 대한 불안과 염려는 언제 그랬냐는 듯 사라졌고, 어느덧 타지 생활과 학업에 많이 익숙해졌습니다. 무사히 1학년을 마치고 여름학기 수업을 지나 대학원 2학년을 맞이했습니다. 2007년을 황금돼지의 해라고 했던가요. 이 해에 아기를 낳으면 잘 살 거라는 말과 함께 많은 사람들이 기대와 설렘으로 2007년을 시작했다는 얘길 들었습니다. 특별히 2007년은 제게 넘치는 축복과 희망의 선물들이 많았습니다. 2005년 5월에 결혼 후 유학 준비로 바빠서 임신을 조금 미뤘었는데 어느 날 문득 임신을 미루는 일이 하나님께서 기뻐하지 않는 일이란 생각이 들었습니다. 제 마음의 중심이 학업에 대한 욕심으로 가득 차 있다는 것을 깨달았기 때문입니다. 학업을 해나가기 힘든 시각장애를 가진 저로서는 모든 것을 귀로만 듣고 이해해야 하는 공부이고 남들보다 조금 늦게 시작한 공부여서 늘 학업에 대한 부담감을 느껴왔습니다.

정신을 차리고 기도에 힘쓰지 않으면 어느새 공부에 대한 걱정과 욕심이 머리를 쳐들고 저를 괴롭혔습니다.

저와 남편은 2006년 말부터 아기에 대한 기도를 시작했습니다. 남편도 저도 모두 건강한 편이어서 쉽게 임신이 될 줄 알았는데 임신은 그렇게 쉽게 되지 않았습니다. 피임을 한 기간만큼 기다려야한다는 위로의 이야기도 들었고, 유학생들은 공부 때문에 임신을 미루다가 영영 아기를 가지기 힘든 경우도 많다는 눈치 없는 사람들의 말들이 저의 마음을 아프게 했습니다. 매번 임신테스트기로 확인해보며 실망을 거듭하면서도 저는 포기하지 않았고 가장 좋은 때에 아기를 주실 것이라는 믿음을 가지고 기도했습니다. 하나님은 이번에도 저의 기도에 응답해주셨습니다.

드디어 임신! 최고의 임신 기간

2007년 4월, 제가 속한 보스턴한인교회의 부부 청년부 수련회를 다녀왔습니다. 저는 찬양대로 섬기게 되어 다른 수련회보다 더 많이 기도하면서 수련회를 준비했습니다. 수련회를 가는 날 남편이 제가 부탁한 찬양 가사를 컴퓨터에 저장해주는 일을 빠트려서 많이 다투었습니다. 급기야 남편은 수련회를 가지 않겠다며 고집을 부리는 것이었습니다. 인턴하랴 공부하랴 몸이 두 개라도 모자랄 만큼 바쁜 저도 마음이 상했습니다. 그리고 악보를 보지 못하기 때문에 가사를 모두 워드로 쳐서 외워야하는 저로서는 이만저만 화가 많이 난 것이 아니었습니다. 회사에서 울고 있는데 직원 한분이 와서 제 이야기를 듣더니 화장실로 저를 데리고 가서 손을 붙들고 기도를 해주었습니다. 업무 이야기만 하는 회사에서 같은 크리스천을 만나 기도를 받으니 한결 기분이 나아졌고 새 힘이 솟았습니다. 그리고 기도 중에 저는 이번 수련회에서 놀라운 하나님의 은혜를 체험하려고 벌써부터 사탄이 저와 남편을 방해하는구나 하는 생각이 들었습니다.

✱ 보스턴한인교회 부부청년수련회

더욱 큰 은혜에 대한 사모함으로 수련회를 참석했습니다. 그리고 하나님께서 저에게 놀라운 선물을 허락해주셨습니다. 저와 남편 사이에 아기를 허락하신 것입니다. 수련회를 다녀온 직후 임신 사실을 알게 되었습니다. 예정일을 계산해보니 2008년 1월 초였습니다. 방학 중이어서 휴학을 하지 않아도 되었고 한창 입덧이 심할 임신 초기에는 여름 방학이라 잠시 쉴 수 있는 최고의 임신 기간이었습니다. 우리 부부는 놀랍고 기쁜 마음으로 하나님께 감사드렸습니다. 사람의 계획과 생각을 뛰어넘는 곳에서 역사해주시는 신실한 하나님이 우리 부부의 삶을 책임져주셔서 한없이 기쁘고 고마웠습니다.

남편의 극진한 보살핌

실제로 입덧이 시작되기 직전에 2학기를 마쳤고, 바로 기다렸다는 듯이 고통스런 입덧이 시작되었습니다. 저는 하루 종일 자리에 누워 생활하면서 음식 냄새만 맡아도 속이 울렁거렸고 조금만 음식을 먹어도 바로 화장실에 달려가 구토를 했습니다. 어느 때는 먹은 것이 없는데도 누런 위액이 나오며 구토가 멎지를 않아 눈앞이 캄캄하고 어지러웠습니다. 누군가 마치 제 위장을 손으로 잡고 쥐어짜는 듯 속이 아프고 나중에는 심한 두통까지 와서 매일 눈물도 많이 흘렸습니다. 여름학기가 시작되기 전 한 달 남짓 방학을 가질 수 있게 된 것이 천만 다행이었습니다. 남편의 보살핌은 그 어느 때보다 더 극진했습니다. 임신초기에는 다른 음식은 입도 못 대고 과일만 먹었는데 남편은 하루에도 두세 가지가 넘는 과일을 사다가 저를 챙겨주었습니다. 누룽지를 직접 만들어 누룽지밥도 해주고 각종 해물죽에 야채죽, 미역, 냉국 등 조금이라도 제가 잘 먹는 음식이 있으면 부엌을 떠나지 않고 음식을 만들었습니다. 하루는 제가 먹고 싶어 하는 과일을 구하려고 세 번이나 넘게 장을 보러 나간 일도 있습니다.

살고 있던 아파트가 아기를 기르기에 좋은 환경이 아니어서 여름방학에 맞춰서 이사를 하기로 했습니다. 저는 입덧으로 옴짝 달싹 못 하여 남편 혼자서 이삿짐을 꾸려서 집을 옮겼습니다. 교회 형제들이 가구 등을 옮기는 일을 도와주기는 했지만 짐을 싸고 풀고 정리하는 모든 일은 남편 혼자서 다했고 그 와중에도 제 식사를 챙기느라 많은 고생을 했습니다.

감사하게도 심각했던 초기 입덧이 지나고 5개월 무렵부터는 입맛이 갑자기 좋아져서 남편의 말을 빌리자면 마당쇠처럼 밥을 먹게 되었습니다. 돌아서면 배가 고프고 밥을 먹고 나면 달콤한 간식이 먹고 싶어져서 체중조절을 해야 하는 상황에 이르렀습니다.

시각장애인 재활기관, 캐롤센터에서

임신 3개월 말쯤 여름 학기가 시작되어서 학교에 나가야했고 새로운 인턴기관에서 적응해야 하는 등 많이 분주했는데 이 모든 것이 저에게 큰 도움이 되었습니다. 임신을 하고 집에만 있을 때는 불안하고 우울한 생각이 들었는데, 입덧이 끝나고 새롭게 일을 시작하게 되니 아기에 대한 집착과 염려에서 벗어나 활력을 얻을 수 있었습니다.

지도교수님의 특별한 배려로 저는 세계 최고로 평가받는 시각장애인 재활기관인 캐롤센터에서 일을 하며 배우게 되었습니다. 저와 같은 시각장애인들을 만나고 상담을 하며 미국의 시각장애인 재활 시스템을 배우니 너무나 기쁘고 신이 났습니다. 여름 방학을 이용해서 청소년 시각장애인들을 많이 만날 수 있었고, 아쉽게도 임신을 하는 바람에 방학 중에 계획 된 요트타기 등 해양스포츠 재활은 참가하지 못했지만 같은 장애인 청소년들을 상담하면서 고민하고 그들의 재활을 돕는 일은 매우 보람 있었습니다. 한국보다 훨씬 선진화된 갖가지 재활시스템과 수업을 참관하는 일도 흥미로웠습니다.

가을학기가 되면서 청소년들이 개학하여 중도 실명을 한 성인 시각장애인들을 다수 만났습니다. 저도 성인이 되어 실명을 하여 그

분들과 더욱 깊이 공감할 수 있었습니다. 제가 상담한 분들 중에는 아이를 셋이나 키우는 시각장애인 여성도 있었습니다. 그런 분들을 통해 저 역시 시각장애를 가진 예비엄마로서 아기 양육에 대한 많은 지식을 배울 수 있었고 다양한 이야기를 나누면서 오히려 제가 더 많은 도움을 받았습니다. 그리고 특히 감사한 것은 캐롤센터에서는 점심식사 외에도 오전, 오후 간식을 제공받는데 늘 풍성한 과일과 야채가 나온 것입니다. 이 역시 하나님께서 임산부인 저를 살펴주시는 증거가 아닌 지 돌아보며 기쁘고 감사한 마음이 충만해지곤 했습니다.

친절하고 강하고 크신 팔에 의지하여

임신 5개월 정도가 되니 아기의 태동을 느끼게 되었습니다. 점점 아기가 발로 차고 움직이는 것이 활발해지니 제가 정말 엄마가 되는구나 하는 실감과 경이로움이 느껴졌습니다.

하루는 피검사를 받으러 병원에 간 일이 있습니다. 제가 흰지팡이를 들고 다니는 것을 본 미국인들은 대부분 친절하고 우호적입니다. 특히 병원의 의사와 간호사, 검사실 직원들은 더욱 세심한 친절을 베풀어줍니다. 한 검사요원이 흰지팡이를 두고 제 손을 붙들고 부축하여 의자에 앉히려고 했습니다. 저는 몸도 무겁고 의자가 제 뒤쪽에 확실하게 놓여있는지 확인하려고 한손으로 의자 위치를 가늠해보았습니다. 그러자 그 검사실 직원이 웃으면서 농담조로 "당신은 나를 완전히 믿지 못하는 군요."라고 말하는 것입니다. 그 말을 듣는 순간 저는 머쓱하고 미안해져서 그런 것이 아니라고는 했지만 솔직히 저는 의자 위에 제대로 앉지 못하고 미끄러질까봐 무서워서 한 손으로 의자를 더듬었던 것이 분명했습니다. 검사실 직원이 두 손으로 저를 꼭 안전하게 붙잡아주었는데도 말입니다.

저는 곰곰이 그의 말을 생각했습니다. 마치 그 사람의 말이 하나님께서 제게 물어보고 싶으셨던 말은 아니었을까 하는 생각이 들었습니다. 하나님은 저의 두 손을 붙드시고 지금까지 세심하게 제 삶 삶을 인도해주셨습니다. 실명하게 되었어도 한 번도 넘어진 적 없었고, 좋은 교수님들과 친구들을 만나 공부할 수 있도록 이끌어주셨습니다. 건강하고 자상한 신랑을 만나 결혼했고, 유학까지 와서 부족한 것 없이 공부할 수 있도록 채워주신 분입니다. 기다리던 아기를 허락해주셨고, 보람을 느끼며 일하면서 너무나도 풍성하게 감사한 삶을 누리도록 해주셨습니다. 슬프고 힘들었던 순간조차 유익이 되게 하셨고, 지금 고통을 겪고 계신 다른 분들께 희망의 통로가 되는 데 저의 삶이 사용되도록 길을 열어주신 분입니다. 어느 찬양의 가사처럼 그 어느 것 하나 주의 손길이 미치지 않은 것이 없음을 고백하지 않을 수 없습니다. 그런데도 아직 제 마음에는 순산에 대한 두려움, 아기 건강에 대한 조바심, 앞날에 대한 크고 작은 걱정과 막연함으로 염려하고 의심하는 날이 많은 것을 발견하게 됩니다. 그 검사실 직원이 친절하고 안전하게 붙든 것보다 더욱 더 친절하고 강하고 크신 팔로 나를 붙드시고 눈동자처럼 살피시는데도 말입니다.

KBS 제3라디오 '김기현의 재활일기' 마지막 방송분

안녕하세요? 오늘은 김기현의 바깥세상보기 마지막 방송으로 인사를 드리게 되었네요. 그동안 김기현의 바깥세상보기를 사랑해주신 애청자분들께 진심으로 감사드립니다. 욕심 같아선 계속해서 더 많은 미국 및 세계 여러 나라의 장애관련 소식과 정보들을 애청자 여러분들께 전해드리고 싶지만 여러분들도 아시다시피 제가 지금 임신 중에 대학원 학업과 인턴까지 병행하다 보니 몸에 많은 무리가 되어 어쩔 수 없이 마지막 방송을 전하게 되었습니다. 오늘 마지막 방송에서는 제가 경험한 임신을 둘러싼 미국과 한국의 문화 차이, 생각 차이 등을 나눌까 합니다.

저는 지금 27주차 된 태아를 배속에서 키우고 있는 예비엄마랍니다. 결혼한 지 약 2년 정도 흐른 뒤 임신하게 되어서 처음 임신 사실을 알았을 때 참 기뻤습니다. 결혼초기에 유학 준비를 하느라 잠시 임신을 미루었다가 2년 만에 아기를 가지게 되었는데요. 남편과 아기를 위해서 기도도 많이 하고 기다리던 임신이었던 만큼 처음에는 무조건 좋고 기쁘고 설레더라고요. 아기를 가지게 되어 기쁜 것은 지금도 마찬가지지만 처음 기뻤던 것과는 달리 곧바로 시작된 공포의 입덧과 함께 산모들이 겪는 불안, 우울한 생각들로 고통스럽고 힘든 시간도 겪었습니다. 한국에서 임신을 했더라면 겪지 않아도 될 불편함과 아쉬운 점도 많았습니다.

임신을 확인한 후 한국과 미국 산부인과 병원의 차이를 알게 되었어요. 우리나라의 경우는 임신이 궁금하면 바로 산부인과 병원에

✲ KBS 제3라디오 방송 중

가서 초음파 사진을 찍어보고 임신 여부를 눈으로 확인할 수 있잖아요. 의사로부터 태아에 대한 주의사항을 듣고, 아기 심장 박동 소리도 듣는 등 초기 진단을 비교적 자세하게 해주는 것 같더라고요. 그런데 미국은 임신테스트기로 개인이 먼저 집에서 임신 사실을 확인한 뒤 병원에 가서 진단을 받고 싶어도 8주차가 되기까지는 병원에서 받아주지 않는답니다. 참 이상하죠? 그리고 그나마 8주차에는 간호사를 만나서 피검사를 하고 의사는 10주가 되서야 만나게 된답니다. 처음엔 이 시스템이 적응이 안 되서 마음고생 좀 했죠. 성격이 급한 한국사람 아니랄까봐 아무리 임신테스트기가 확인시켜줬어도 초음파 사진으로 착상이 잘 되었는지 직접 눈으로 확인하고 싶고, 곧바로 시작되는 입덧 등에 대처할 방법이라든지 주의사항을 의사 선생님으로부터 직접 들어야 안심하겠는데 이건 마냥 8주, 10주가 될 때까지 집에서 속수무책으로 기다려야 하니 답답한 노릇이 아닐 수 없었죠. 혹시 임신이 안 된 건데 내가 임신으로 착각하고 있는 것은 아닌지, 의사선생님 만나기 전에 뭔가 잘못 되었는데 모르고 방치하는 것은 아닌지…… 사실 임신 초기에 유산이 많잖아요. 머릿속으로 온갖 불안한 생각들이 떠나지 않더라고요.

미국은 한국처럼 자기가 병원을 가고 싶다고 해서 언제든 갈수 있는 곳이 아니고 먼저 전화를 해서 예약을 하고 가야합니다. 예약을 할 경우에도 병원에 메시지를 남겨두면 한참 후에야 간호사가 듣고 연락해주기 때문에 굉장히 프로세스가 느린 편입니다. 지금은 적응이 돼서 괜찮은데 초기에는 조금이라도 배가 아프거나 속이 이상하면 물어보고 싶어도 물어볼 곳도 없었습니다. 병원에 전화를 해서 메시지를 남겨두면 간호사가 듣고 한참 후에야 전화를 걸어 확인해보는 식으로 진찰해줍니다. 다행히 별 이상 없이 임신초기를 넘긴 편이지만 만일 이때 몸이 많이 아팠더라면 어땠을까, 하는 아찔한 생각도 들었습니다. 우리나라는 거의 매달마다 병원에서 초음파 사진을 보여준다고 들었는데 미국은 이 초음파 검사를 아주 드물게 실시합니다. 임신 기간을 통틀어 2~3번 정도가 전부이니까요. 또 하나 미국과 한국 병원이 다른 점이라면 우리는 환자가 대기실에서 기다렸다가 자신의 차례가 되면 진료실에 들어가 진료를 받는데 미국은 환자가 먼저 비어 있는 진료실에 들어가 기다리면 간호사가 와서 체중과 혈압 등을 측정하고 그 다음 의사선생님이 들어오셔서 아기 심장 박동을 체크하고 이것저것 문진을 합니다.

임신을 하게 되면 개인차가 있지만 크던 작던 누구나 입덧을 경험하잖아요. 저도 꽤 입덧으로 고생한 사람 중의 하나입니다. 먹기만 하면 구토를 하고 울렁거리고 두통이 심하여 외출도 못 하고 속도 쓰렸습니다. 지금은 거짓말처럼 그때 얼마나 아팠는지 잘 기억나지 않지만, 임신 4개월에 접어들면서 입덧이 너무 심해 집에서 누워서만 지냈어요. 울기도 많이 울었고 너무 괴로워서 잠도 못 자고 먹고 싶은 음식 생각은 많은데 입에만 대면 맛이 없고 억지로 먹어도 그대로 다 토하고 말았죠. 그런데 여러분 그거 아세요? 제가 외국 생활을 하면서 절실히 느낀 건데 과일은 한국 과일 맛을 따라가는 곳이 없는 것 같아요. 저는 임신 초기에 다른 음식은 못 먹고 과일만 먹었는데 정말 한국 과일이 너무나 그리웠습니다. 보스턴에도 한국, 중국 마켓이 있긴 하지만 그곳의 과일도 한국에서 먹는 그 맛이 아니더라고요. 과일뿐 아니라 한국에서만 맛볼 수 있는 음식, 예를 들어 보쌈, 곱창, 물냉면 등이 생각나 눈물도 많이 흘렸답니다. 길거리에서 파는 떡볶이, 어묵 국물, 하다못해 한국산 뻥튀기도 먹고 싶더라고요.

임신을 둘러싼 문화 차이에 대한 에피소드들도 있습니다. 우선 미국은 태교를 크게 염두에 두지 않습니다. 우리의 높은 교육열은 태교까지 포함시켜서 열렬히 신경 쓰는데 미국 사람들은 그런 신경을 전혀 안 씁니다. 물론 스트레스 안 받도록 컨디션 조절은 하지만 우리나라처럼 임산부라서 봐주고 뭐 그런 것도 없고 아예 태교가 뭔지 모르는 사람도 있더라고요. 사실 저만해도 임신초기에 재활기관에서 못을 박는 일을 해보라고 해서 깜짝 놀랐습니다. 제가 지금 일하는 시각장애인 재활기관인 캐롤센터에서는 시각장애인의 공간 감각을 길러주려고 목공예를 하거든요. 목공예 수업을 참관 중이었는데 난데없이 저더러 전기 망치로 못을 박아보라고 해서 이걸 해야되나 말아야 되나 고민 좀 했죠. 살살 하긴 했는데 그다음엔 전기 사포를 가지고 나무를 다듬으라고 하는 거예요. 그것도 그냥 했죠. 그런데 마지막에는 전기톱을 가지고 나무를 자르라고 해서 그냥 도망갔습니다. 임산부가 아니더라도 무서워서 못할 텐데 아무리 정안인 선생님이 잡아주셔도 그렇지, 냄새도 나고 톱밥도 날리는 무서운 일을 임산부더러 해보라고 하다니 미국 사람들 참 재미있죠? 음식도 그래요. 여기서는 임산부가 커피 먹는 거 뭐라 안 하고요. 그 대신 소시지나 생선을 조심시키더라고요. 우리는 아기 머리 좋아진다고 생선을 많이 먹는데 미국은 생선에 수은 성분이 있다며 잘 못 먹게 하고, 소시지도 어떤 돼지고기 부위가 사용되었는지 알 수 없다고 먹지 못 하게 하죠. 치즈도 발효시킨 치즈는 안 되고요. 저는 이것저것 안 가리고 먹었어요. 그냥 먹고 싶은 거 먹는 게 스트레스 안 받고 좋다고 해서요.

오늘 이런저런 임신에 둘러싼 이야기를 하다 보니 시간 가는 줄을 모르겠네요. 마지막으로 미국에서 임신을 둘러싼 가장 큰 문화라면 바로 'baby-shower'라는 파티를 들 수 있겠습니다. 임산부와 태아를 위한 파티인데요. 이름만 들으면 아기를 물로 샤워시키는 건가하고 생각하실 지도 모르겠네요. 그게 아니고 출산을 한두 달 앞두고 친구들이 모여서 예비엄마를 축하하고 격려하고 음식도 먹고 선물도 주며 태어날 아기에 대한 이야기를 나누면서 아기를 축복하는 그런 파티입니다. 그리고 한 가지 더 우리나라와 다른 점이라면 미국은 아기의 성별을 아주 일찍 알려주거든요. 임신 18주에서 20주가 되면 다 알려주는데 오히려 미국 여성들은 알려주는 것을 원치 않는다고 해요. 출산 시 의사가 아기를 보고 알려주는 것을 더 선호한다나요. 그래야 더욱 기대하게 되고 기쁘니까요.

2003년 김기현의 재활일기를 통해서 갓 실명한 중도 실명인의 재활기를 나누던 제가 그동안 김기현의 세상사는 이야기, 좌충우돌 미국 견문록, 김기현의 바깥세상보기를 거치면서 중도 실명인으로서 살아가는 이야기, 미국 유학 이야기 그리고 오늘은 예비 엄마로서의 이야기까지 전해드리게 되어 감개가 무량합니다. 지금 고3 수험생으로 돌아간 것처럼 학업과 인턴 생활, 박사 과정 준비 등으로 고단하여 아기에게 신경을 많이 써주지 못한 점이 미안하지만 그 누구보다도 열심히 살아가는 엄마를 느끼면서 건강하고 강하게 자라주지 않을까 위로해봅니다. 그동안 저를 아껴주신 여러분들께 감사드리고 아기도 저도 모두 건강하게 순산할 수 있도록 많이 기도해주세요. 그럼 다시 만나는 날까지 모두들 안녕히 계세요!

미국 유학 네 번째,
풍성한 만남의 축복

축복의 예언

미국에 들어오기 전 연세대학교 제자훈련모임에서 특별히 친하게 지낸 김지은 자매가 있습니다. 저보다 나이가 다섯 살이나 어린 친구지만 모임의 리더로 섬기며 영적인 권위와 가르침으로 여러 지체들을 돌보던 귀한 자매입니다. 미국으로 유학 오기 전에 김지은 자매와 여러 가지 이야기를 주고받다가 기도로 저를 축복해주었는데 미국에서 하나님의 놀라운 돌보심을 경험하고 특히 많은 휴먼 네트워크를 만들어 주실 것이라는 말을 예언하듯 기도해주었습니다. 저는 당시 덤덤하게 기도를 받았는데 2년이 지난 지금 지은 자매의 기도를 떠올리면서 하나님께서 그때 그녀를 통해 제게 축복의 예언을 하셨구나 하는 확신을 가졌습니다. 미처 책에 다 쓰지 못한 부분이 많지만 하나님은 너무나 섬세하고 철저하게 저와 남편의 미국 생활을 준비시키며 이끌어주셨습니다. 특히 감사한 것은 제게 놀라운 만남의 축복을 허락해주신 부분입니다.

사랑의 공동체 보스턴한인교회에서 만난 분들

미국에 오기 전 보스턴에서 다닐 교회와 학교 교수님들에 대한 기도를 많이 했습니다. 영적으로 풍성한 공급과 깊은 사랑의 교제를 나눌 수 있는 공동체를 만나고 싶었습니다. 그리고 좋은 교수님들 속에서 많이 배우고 사제 관계에 있어 스트레스 받지 않고 순조롭게 학교생활을 마칠 수 있기를 기도했습니다.

지금 다니고 있는 보스턴한인교회는 미국의 대형 한인교회 중 한 곳으로 그 역사가 자그마치 50년이 넘는 유서 깊은 이민교회입니다. 유학생들만이 중심이 된 교회가 아니라 이민 1세대부터 3세대까지 함께 예배드리면서 보스턴 지역의 복음화를 위해 애쓰는 자랑스러운 교회입니다. 나중에 알고 보니 이영길 담임목사님께서 제가 존경하는 모교 은사님과 영락교회 대학부 선후배로 절친했던 관계란 점을 알게 되어 놀랐습니다.

또한 놀랍고 감사한 만남은 2005년 한국재활협회를 통해 캐나다에 갔을 때 아주대학교 재활의학과 이일영 교수님을 알게 되었는데 바로 보스턴한인교회에서 이일영 교수님을 다시 만나게 된 것입니다. 2005년에는 서로 다른 팀에 속해서 다른 나라로 탐방을 떠났기 때문에 잘 모르고 지나올 수 있는 관계였지만 대학 후배라고 챙겨 주시고 관심을 가져주신 터라 감사하게 생각하고 있었습니다. 그런데 이 넓은 땅에서 이분을 다시 만나게 되어 얼마나 반가웠는지 모릅니다. 저는 교수님이 미국에 오신 것과 같은 보스턴에 사시는 줄 전혀 모르고 있었습니다. 교제를 나누면서 교수님과 사모님 모두 하버드 의대를 졸업하신 후 하버드 의과대학에서 진료하시다가 한국에 돌아가서 재활의학과의 의대생들을 가르치고 진료한 사실을 알게 되었습니다. 두 분 모두 최고의 학교를 졸업하시고 의사와 교수로서 풍족하고 존경받는 삶을 누릴 수 있는 분들인데 한국 장애인들의 현실을 안타까워하며 재활의학과 의사로서 소명을 가지고 계셨습니다. 중앙아메리카의 니카라과 등지로 의료봉사도 다니셨는데 특히 북한 동포들에 대한 소망을 가지고 의사 신분으로 북한에 들어가서서 의료봉사활동을 펼쳐 오기도 하셨습니다. 아는 사람이 없는 미국에서 이일영 교수님 부부와의 교제는 우리 부부에게 든든한 버팀목이 되었습니다. 그리고 자신의 달란트로 가족의 행복을 추구하는 삶에 머무르지 않고 조국을 위해 헌신하며 가난하고 약한 자들을 향해 섬기시는 모습은 우리 부부에게 귀한 모델이 되기에 충분했습니다.

존경하는 보스턴대학교 오르토 교수님

보스턴대학교 교수님들 역시 앞서 소개한 것처럼 교수라는 권위를 내세우지 않고 장애인들을 섬기고 배려하시는 존경할 만한 분들입니다. 특히 지도교수님인 오르토 교수님은 외국인이며 시각장애를 가진 제게 특히 잘 대해주셨고 늘 아버지처럼 학업과 미국 생활을 염려해주셨습니다. 한국 시각장애인의 재활에 대한 저의 소명을 아신 교수님은 세계적인 시각장애인 재활기관인 캐롤센터에서 인턴으로 일할 수 있도록 주선해주셨고 많은 장학금을 후원해주셨습니다.

또한 보스턴대학교의 허쉬 교수님은 저의 주요 관심사인 장애인 직업재활 분야의 전문가이십니다. 한국과 아시아의 재활 현실에 많은 관심을 갖고 계셔서 저와 같이 한국 지역 재활 분야 연구를 하자고 제의하셨고 지금 제 연구 내용을 적극적으로 도와주고 계십니다.

〈지선아 사랑해〉의 이지선 씨

학교를 통해 알게 된 또 다른 귀한 만남은 이지선 씨와의 교제입니다. 대학 시절 음주운전자의 교통사고로 온몸과 얼굴에 큰 화상을 입은 후 하나님이 주신 힘으로 자신의 홈페이지에 희망의 글을 써내려가 〈지선아, 사랑해〉라는 자전적 에세이를 출간한 유명 작가입니다. 이미 한국사회에 널리 알려진 이지선 씨를 보스턴대학교의 같은 과 선후배로 만나게 되었습니다. 저보다 1년 먼저 입학한 지선이는 여러 가지 면에서 저와 공통점이 많아 서로 사랑하고 존중하는 친구가 되었습니다. 같은 여성으로 꿈 많은 대학 시절에 중도장애를 입은 후 하나님을 믿고 의지하면서 장애인에 대한 소명을 가지고 보스턴에서 서로 격려하며 공부하는 좋은 친구입니다. 시각장애와 화상장애로 감당하고 있는 장애의 종류는 다르지만 그렇기 때문에 서로 보완하며 도와줄 수 있는 신실한 관계입니다. 지선이는 지난학기부터 저의 도우미로 섬기고 있는데 과제물도 같이 하고 쇼핑도 함께 다니면서 더욱 가깝게 지낼 수 있었습니다. 학업과 미국 생활이 힘들 때 서로 기도해주면서 배워가고 있습니다.

2007년 여름에는 지선이 덕분에 재미있는 경험도 할 수 있었습니다. 지선이가 장애인 인식 개선을 위한 공익 광고에 출연하게 되었는데 저도 같이 출연하게 된 것입니다. 저는 마지막 화면에 잠시 얼굴을 비췄지만, 멀리 미국 땅에서 두 한국 장애여성이 열심히 공부하는 장면을 한국 시청자들에게 소개할 수 있어서 매우 뿌듯하고 즐거운 추억이 되었습니다.

세계기독여자절제대회 참가

2007년 9월에는 연세대 김정주 교수님과 서양화가 김영주 화백님의 초대로 미국 인디애나폴리스에서 개최된 세계기독여자절제대회에 참가했습니다. 세계기독여자절제운동이란 전 세계 기독여성들이 연합하여 각 나라에서 술과 담배, 마약의 해로움을 교육하고 그것들로부터 청소년과 여성, 가족을 보호하는 절제운동으로 하나님의 사랑을 전하는 운동입니다. 약물과 알코올 중독문제는 제가 공부하는 장애인 재활상담에서도 다루는 분야이고 무엇보다 김 교수님과 사랑하는 모교 지우들을 만날 수 있다는 기쁨에 저와 남편은 일주일간 인디애나폴리스 행을 결정했습니다. 인디애나폴리스 세계기독여자절제대회는 저와 남편의 시야를 크게 넓혀주었고 하나님의 놀라운 은혜를 깊이 경험할 수 있는 자리였습니다. 전 세계 40개국에서 온 400여명의 대표들과 한자리에 모인 엄청난 규모의 국제대회를 참가하게 되어 어안이 벙벙하기도 했고 긴장도 되었습니다. 처음 이름을 들어본 나라가 많을 만큼 생소했고 낯설었지만 점차 서로의 문화를 교류하는 시간을 통해 친숙한 우정을 나눌 수 있었

습니다. 서로 다른 환경과 문화를 가진 많은 사람들이 한마음으로 하나님을 사랑하고 찬양하고 기도하면서 금주금연 캠페인과 사회 복지 활동을 벌이고 계신 사실에 큰 감동을 느끼지 않을 수 없었습니다. 가장 영광스러운 경험은 그분들 앞에서 제가 간증을 나눈 시간입니다. 예정에 없던 순서라 준비를 제대로 하지 못했는데 아침기도회 시간을 이용해서 저의 이야기를 전해드리기 위해 연단에 서게 되었습니다. 능숙치 못한 영어로 나누었는데도 많은 분들이 눈물을 흘리시며 하나님께 영광을 돌리는 모습에서 저는 큰 용기와 소망을 얻게 되었습니다.

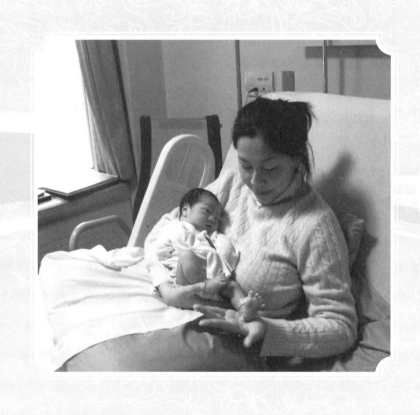

CHAPTER 4

재활일기와
사랑하는 나의 가족

김기현의 재활일기
남편의 편지_사랑하는 나의 아내에게

저는 곰곰이 '마음으로 보고 있다.' 이 말을 생각해봅니다.
조금 깊이 생각해보니 저는 정말로 마음으로
아들 예승이를 보고 있었습니다.
저의 모든 마음과 생각, 사랑을 갓 태어난 예승이에게 집중하니
저는 예승이를 눈으로 보지 않아도 마치 다 보고 있는 것처럼
마음으로 느끼고 있었던 것입니다.

김기현의 재활일기

2003년 KBS라디오에서 방송한 '김기현의 재활일기'에서 발췌했습니다

점자는 어려워

오늘은 다른 약속들을 미루고 하루 종일 점자를 읽었다. 복지관을 수료하기 전 매일 한 페이지씩 점자 공부를 하기로 계획했는데, 복지관을 수료한 지 한 달이 지나도록 다른 일들에 정신을 빼앗겨 허송세월한 것은 아닌가, 그동안 감각이 더 나빠진 것은 아닌가, 약간은 초조한 마음으로 책을 펼쳤다. 전에 읽었던 부분을 손으로 만져 확인하고 점자 위에 손을 얹었다. 가만가만 오른쪽으로 손을 조심스럽게 움직여보니 3점과 5점이 만져졌다. 나는 속으로 '별표로구나.' 생각했다. 예전에 위치를 잘못 파악해서 3점과 5점을 2점과 4점으로 읽고 '왜 〈ㄷ〉자가 붙어 있지?'라고 착각했던 때가 생각나서 웃음이 나왔다.

처음 초조했던 것만큼은 감각이 굳어져 있지 않아서 조금은 안심했지만, 그래도 여전히 속도가 느려서 속상했다. 점자가 조금 떨어져 있거나 다음 내용을 약간이라도 예측할 수 있다면 쉽게 읽혀

지기도 하지만 점들이 너무 다닥다닥 붙어 있거나 지나치게 떨어져 있어도 점자간의 간격과 손의 위치를 잃기 쉬워 읽기가 어렵다. 처음 점자를 만져보았을 때 이런 표시로 어떻게 글자를 만들어 읽을 수 있을까 의아스러웠고, 나도 빨리 잘하고 싶다는 기대가 들었었다. 뜻대로 안되면 답답한 마음에 점자책을 덮고 싶었던 때가 한두 번이 아니었다. 그럴 때마다 열심히 지도해주시는 선생님 얼굴이 떠올라 내가 이러면 안 되지 하는 생각에 다시 마음을 다잡곤 했다. 점자 때문에 낙심이 될 때 한 친구가 "기현아, 우리가 어렸을 때 한글 배울 때를 생각해봐. 한글 읽고 쓰는 것도 몇 년은 걸리는 거잖아. 점자도 하나의 언어인데 하루아침에 갑자기 잘 되면 그게 더 이상하잖아?" 라고 말한 적이 있다. 그 친구 말을 떠올리니 마음을 급하게 가졌구나 하는 생각이 들었다. 확실히 1년 전에는 점자에 대해 전혀 알지도 못했었고, 지난봄과 비교해 보아도 지금 실력이 꽤 늘었다. 앞으로 더욱 열심히 연습해가면 지금보다 빨리 읽을 수 있는 날도 분명히 올 것이라 믿는다.

그래, '천리 길도 한 걸음부터'라는 속담도 있지 않은가. 다시 시작하는 마음으로 천천히 나아가자.

김기현, 잘 할 수 있을 거야. 용기를 가져. 화이팅!

기현이의 독서법

오늘은 이상하게 밤늦도록 잠이 오지 않아 녹음도서를 들었다. 우리나라에서 한때 베스트셀러로 알려진 책이어서 궁금한 마음에 대출해둔 책이다.

　실명하고 나서 모든 생활이 답답하고 적응하기 힘들었지만, 무엇보다도 책을 자유롭게 읽지 못하는 점이 가장 답답했다. 치료가 끝나고 집에서 쉴 때 둘째 언니가 책을 참 많이 읽어주었다. 특별한 소일거리도 없고 멍하니 있는 것이 안쓰러웠는지 언니는 여행 관련 에세이나 재미있는 추리 소설 등을 자주 읽어주곤 했다. 지금도 그때 생각을 하면 언니한테 정말 고마운 마음이 든다. 감사하게도 지금은 누가 책을 읽어주지 않아도 이렇게 녹음도서라는 것이 있어서 언제든지 읽고 싶은 책을 마음껏 들을 수가 있다.

　처음 한국 시각장애인 복지재단에서 녹음도서 사업을 한다는 말을 들었을 때 솔직히 조금 놀랐다. 보통의 책 한 권 분량을 다 읽으려면 읽는 사람 목도 참 아플 것이고 테이프도 여러 개가 필요하겠구나 싶어서였다. 그런데 책의 종류와 도서관에 준비된 권수를 보고 다시 또 놀랐다. 각 나라의 소설부터 한방, 요리, 심리학, 컴퓨터, 과학 관련 책 등 종류가 다양할 뿐 아니라, 만 권이 넘는 책들이 이미 녹음되어 시각장애인의 독서를 돕고 있으니 말이다.

　이런 녹음도서 사업을 하는 복지관이 여러 곳임을 알게 되었다. 마포평생학습관, 한국시각장애연합, 하상복지관, 서울시각장애인복지관 등 시각장애인과 관련된 많은 단체에서 녹음도서 사업을 하고 있었다.

　녹음도서 외에도 독서하기가 참 편리해졌다. 바로 전화 사서함으로 책을 들을 수 있기 때문이다. 전화요금 정액제가 있으니까 몇 시간 동안 전화로 책을 들어도 요금 걱정할 필요가 없고, 일일이 테이프를 갈아 끼우는 번거로움도 없어졌다. 게다가 속도도 내 마음대로 조절하여 들을 수 있으니 정말 따분하거나 잠이 오지 않는 날은 아주 좋은 친구가 된다.

다행히 기술력의 진보로 요즘은 컴퓨터로 책을 많이 보게 되었다. 디스켓에 텍스트 파일 형태로 책을 담아서 시각장애인 스크린 리더를 활용하여 책을 듣는 방식이다. '전자도서'라고 하는데 특히 전공서적을 읽을 때 아주 유용하다. 전자도서의 권수는 녹음도서보다 훨씬 많고 종류도 매우 다양하다.

이처럼 전화, 카세트, 컴퓨터, MP3로 책을 들을 수도 있으니 요즘 시각장애인들의 독서생활은 이전보다 매우 개선됐다고 할 수 있다. 이제는 눈이 나빠 공부하지 못했다는 말은 옛말이 아닌가 싶다. 독서할 때마다 나는 보이지 않는 곳에서 시각장애인들을 위해 수고했을 많은 자원봉사자들께 진심으로 감사하다. 책 한 권을 낭독하기 위해 집에서 책 내용을 먼저 파악하고 시간을 내어 몇 번에 걸쳐 녹음한다고 한다. 전자도서 역시 책을 한 장 한 장 넘겨가며 스캐닝으로 작업한 후 일일이 책과 대조하면서 시각장애인들이 무리 없이 들을 수 있도록 제작하는 것이다. 정말 세상엔 마음 따뜻한 분들이 많은 것 같다. 누가 칭찬해서도 아니고 어떤 이익을 위한 일도 아닌데, 주변에 몸이 불편한 사람들을 위한 일에 보람을 느끼고 열심히 봉사하는 분들이 계시니, 세상은 그래도 살 만한 곳이 아닌가 하는 생각을 해본다.

용감한 기현이 버스타기

요즘 버스 타는 일이 재밌어졌다. 버스가 다니지 않는 외진 마을에 사는 사람도 아니고 철없는 어린 나이도 아닌데 새삼스레 버스타기가 재밌을까 할 수도 있고, 앞이 보이지 않는 시각장애인이 어떻게 버스 번호를 보고 승차할까 하는 생각을 할지도 모르겠다.

나는 버스 정류장에 가서 먼저 버스를 기다리고 계신 분들께 다가가 공손히 내가 시각장애인임을 밝히고 몇 번 버스가 오면 좀 알려달라고 부탁을 드린다. 처음엔 그 말을 건네려 해도 입이 떨어지지 않아서 혼자서는 버스를 탈 엄두조차 내지 못했다. 처음 만난 낯선 분을 향해 시선을 어디에 맞춰 이야기를 해야 할지, 나를 이상하게 여기지나 않을지, 혹 안 보인다고 나를 속이지나 않을지…… 겁도 날뿐더러 동전을 넣거나 교통카드를 찍을 때 혹시라도 실수하지 않을까, 제대로 자리에 앉거나 손잡이를 잡기도 전에 버스가 출발해서 넘어지기라도 하면 어쩌나, 내릴 때 목적지에 잘 내릴 수 있을까, 온갖 염려들에 겁이 나서 솔직히 버스는 두려운 교통수단으로 여겨왔다. 나는 좀 더 용기를 내보기로 했다. 무서워서 하지 못할 거라고 생각하면 이 세상에 내가 해볼 수 있는 일이 점점 더 없어질 것이다.

요즘 나는 버스를 잘 타고 다닌다. 버스 번호를 사람들에게 물어볼 때마다 솔직히 좀 쑥스럽고 어떻게 이야기를 건넬지 늘 긴장이 된다. 부탁을 받은 사람이 나를 빤히 보거나 성의 없이 대할 땐 기분이 상하기도 하지만, 친절하게 번호를 일러주고 승차문까지 안내하는 분을 만날 때는 아직은 착한 사람들이 많다는 생각에 기분이 좋아진다. 한번은 어떤 두 여학생에게 내 사정을 말하고 부탁했는데 서로 얼굴을 쳐다보더니 어디론가 그냥 가버려서 매우 당황스런 적이 있었다. 그런가 하면 자신이 탈 버스가 먼저 왔는데도 그냥 보내고 내가 타야 할 버스를 기다려주는 분들도 꽤 자주 만날 수 있었다. 나는 죄송하기도 하고 감사하기도 했다. 그래서 "정류장에 사람이 많으면 기다리시는 버스가 먼저 오면 그냥 가셔도 되요."라고 말씀드리는 것을 잊지 않는다.

교통카드를 찍어야 하는 위치를 잘 몰라서 머뭇거린 일도 있는데 그런 경우 운전기사 분께 말씀드리면 위치를 설명해주시거나 내 손을 잡고 대신 찍어주기도 하신다.

버스타기에 많이 익숙해져서, 나보다 누군가가 먼저 승차하면 카드 인식기에 뜨는 앞 사람의 요금이 잘 인식되었다는 붉은 색 표시를 감지하고 그 불빛 바로 아랫부분에다 내 카드를 대는 요령을 터득하게 되었다. 하차 시에 다시 카드를 대면 요금이 할인되는 서비스를 친구한테 배운 후 가끔 빗나가는 실수에도 아랑곳하지 않고 열심히 내 교통카드를 가져다 댄다. 지금은 친구들을 만날 때 일부러 버스를 타고 갈수 있는 장소로 약속한다. 이미 지하철이나 택시를 이용해서 잘 다녀본 장소여도 버스를 이용해보려고 한다. 버스를 타고 오가면서 세상을 구경하는 새로운 취미가 생겼기 때문이다. 이곳저곳을 느끼면서 내 고민에만 몰두했던 마음을 털어보기도 하고, 내가 선택하는 것들이 하나하나 많아짐에 따라 더 깊은 자유를 누리게 되는 뿌듯함을 얻게 되기도 한다.

자원봉사, 이렇게 해주시면 고맙겠습니다

오늘은 한 복지관에서 주관하는 행사에 참여했다. 행사 제목은 '시각장애인과 함께하는 문화마당'이었다. 복지관마다 종종 이런 행사를 하는데 이번 경우엔 '토요일 밤의 열기'라는 뮤지컬을 관람한다기에 평소 보고 싶었던 작품이어서 일찍 등록을 했다. 집합장소인 복지관으로 가서 승합차에 올라탔다. 이런 행사는 친구나 가족을 동반해서 함께 볼 수도 있지만, 혼자 참석하는 사람들을 위해 자원봉사자들이 투입되어 함께 식사도 하고 공연 감상을 하기도 한다.

나도 자원봉사자와 만나게 되었다. 어떤 분이 나와 파트너가 될까 궁금한 마음으로 기다리고 있었는데 인상 좋은 음성의 한 아주머니께서 내 이름을 조심스럽게 부르며 옆에 앉으셨다. 아주머니와 나는 서로 소개 인사를 한 후 도시락을 함께 먹으면서 이런 저런 이야기를 나누기 시작했다. 공연에 대한 자료를 읽어주셨고 나에 관해 궁금한 것을 묻기도 하셨다. 처음 만난 사이인데도 곧 친근함을 느끼게 되었다. 나는 학업과 컴퓨터 관련 일들로 가끔 자원봉사자들을 만났는데 그때마다 긴장을 좀 하게 된다. 좋은 마음으로 기꺼이 도움을 주시는 분도 계시지만 시간을 채우기 위해 무성의하게 봉사하는 분들도 가끔 만날 수 있기 때문이다. 정말 중요한 일이어서 몇 번의 생각 끝에 부탁드린 것인데 시간 약속을 지키지 않거나 일을 대충 처리해 주실 때는 도와주는 분이더라도 야속할 때가 있다. 한편, 돕고자 하는 마음이 너무 큰 나머지 필요 이상의 관심을 보이거나 앞서나가는 분들도 계셔서 난감한 경우도 있었다. 눈이 왜 그렇게 되었는지 꼬치꼬치 묻는다거나 "눈이 곧 나을 거예요. 기도하세요!"란 말을 너무나 쉽게 하는 분도 계셨다. 또는 식사할 때 묻지도 않으시고 내 밥그릇을 가져가 비벼주신다거나 반찬을 무리하게 집어주시는 등 그분들의 마음이야 충분히 이해가 되지만, 부담스러울 때도 종종 있었다.

봉사라는 것은 자신이 줄 수 있는 도움을 자원하는 마음으로 받는 사람이 부담스럽지 않은 선에서 베풀 때 봉사하는 사람도 받는 사람도 즐겁고 유익하다. 억지로 하거나 단순히 동정하는 마음으로 봉사에 임한다면 올바른 의미의 봉사라 할 수 없을 것이다. 물론 도움을 받는 시각장애인의 태도도 조심해야 한다. 단순히 눈이 필요한 부분을 도움 받는 것인데 마치 봉사자를 자신이 부리듯이 무리한 부탁을 하거나, 마음에 들지 않는 부분을 가지고 심하게 화를 내거나, 고마운 마음을 금전으로 대신하려 하는 등 봉사자들의 마음을 상하게 하는 경우도 있다.

나 역시 여러 명의 봉사자를 만났는데 그 중엔 아직도 연락을 주고받으면서 가까운 친구로 지내는 분들이 계신다. 처음엔 봉사자와 시각장애인으로 만난 사이지만 진실한 마음으로 대해주고 서로를 존중하고 이해하는 마음으로 대하다 보니 가까운 친구로 남을 수 있었다. 처음 봉사자 분을 만났을 때는 낯설어서 실수한 적이 많았다. 지금 돌아보면 너무나 죄송하고 다시 연락이 되었으면 하는 바람이 있다. 그리고 나 또한 비록 눈은 불편하지만 누군가의 부탁을 들어줄 수 있는 꼭 필요한 친구가 되길 소망해본다.

안내견 보리와의 만남

오늘은 오랜만에 반가운 얼굴을 만났다 2년 전 한 모임에서 알게 된 형섭이와 우연히 연락이 닿아 만나게 된 것이다. 우리 학교로 약속을 정하면서 지하철역 구내로 데리러 가겠다고 하니, 그는 혼자 올 수 있다며 마다했다. '초행길이라 서툴고 겁이 날 텐데 대학생이 되어서 의젓해진 건가?' 걱정은 됐지만 흰지팡이가 있으니 무슨 일이 있으랴 싶었다. 그런데 막상 나타난 형섭이는 누군가의 안내를 받고 있었다.

형섭이를 안내하고 온 주인공은 다름 아닌 3살배기 '보리'였다. 보리는 시각장애인의 보행을 돕는 안내견이었다. 하얀 털에 금빛 점박이, 커다란 귀에 긴 꼬리와 다리 그리고 착하고 예쁘게 생긴 큰 눈의 보리를 보자 나는 형섭이와 인사하는 것도 잊고 쓰다듬어 주었다. 견복을 입은 모습이 당당해 보이는 보리는 내가 예뻐하는 것을 알고는 꼬리를 흔들면서 좋아했다. 그러다가 "엎드려!"라는 형섭이의 지시를 듣고 얼른 형섭이가 앉은 의자 밑에서 엎드린 자세로 얌전히 있었다. 눈을 껌뻑거리고 하품도 하면서 이내 잠든 것 같았는데, 또 다른 형섭이의 지시에 얼른 반응하는 모습을 보니 대견하면서 신기했다.

이런저런 이야기를 나누다가 식사를 하러 학교 밖으로 나갔다. 예전 같으면 형섭이가 내 팔꿈치를 잡고 길을 걸었을 텐데, 지금은 보리가 형섭이를 안내하고 나는 뒤에서 쫓아갔다. 함께 걸으니까 사람들의 시선이 모두 우리에게 향하고 있었다. 형섭이는 그런 시선들에 익숙해져서 아무렇지 않은 듯 했지만, 길을 걷고 있을 때도 보리를 만져보려고 무리하게 접근하는 사람들은 좀 곤란하다면서 웃었다.

'안내견을 데리고 식당에 가는 것이 어렵다던데……'

속으로 걱정이 되었지만 요즘은 안내견에 대한 홍보가 잘된 탓인지 식사하러 간 식당에서는 "어머, 안내견이 왔네요."하며 내 걱정이 무색할 정도로 자연스럽게 우리를 자리로 안내해주었다. 형섭이는 자리에 앉으면서 가끔 거부하는 곳이 있어서 스트레스를 받곤 했는데 여기는 안 그런다며 좋아했다.

우리가 식사하는 동안 보리는 그냥 옆에 얌전히 앉아 있었다. 아무리 훈련을 받았다지만 음식 냄새를 맡거나 주인이 먹는 모습을 보면 먹고 싶은 유혹을 느낄 텐데, 보리는 아무런 반응이 없었다. 오히려 내가 안쓰러워서 형섭이에게 보리는 밥을 안 주냐고 물었더니 저녁에 한 번만 사료를 준다고 했다. 그리고 보리를 목욕시키거나 식사, 배변 등을 도와야 하는 일은 좀 번거롭기는 해도 보행을 하면 훨씬 더 안정적이고 속도도 빨라 보행 자체가 즐겁다는 것이다. 사람마다 개인차가 있겠지만 형섭이는 케인(흰지팡이)보다 보리와 함께 다니는 것을 더 편안해하는 모습이었다. 가끔 지나가는 다른 개를 보고 흥분하거나 용변이 마려울 땐 길안내를 잘 못하기도 한다면서 웃는 형섭이는 보리가 너무나 예쁘고 자랑스러운 눈치였다.

예전에 안내견을 데리고 다니는 어떤 분께 들은 얘기다. 그분은 아침마다 학교 가기 전에 빵집에 들렀다 가곤 했는데, 유독 그날은 빵이 먹고 싶지 않아 그냥 지나쳐 가려고 했다. 그러자 안내견이 빵

집 문 앞으로 자신을 안내하는 것을 보면서 이젠 정말 이 개가 나의 눈이자 친구라는 생각을 했다고 한다.

어디든 형섭이가 가는 곳을 안내하고 늘 곁에 있는 보리를 보니 귀엽기도 하고 훌륭하고 충성스런 모습에 감동이 되기도 했다. 어디선가 퍼피워킹(맹인안내견 후보생을 일 년 동안 일반 가정집에서 훈련시키는 자원봉사활동)을 하고 있는 시민들과 안내견 학교에서 안내견 양성을 위해 훈련에 힘쓰시는 선생님들의 노고가 없었다면 형섭이와 같은 시각장애인이 지금처럼 안전하고 즐겁게 보행하기는 어려웠을 것이다.

"보리야, 오늘 너를 만나 정말 즐거웠어. 앞으로도 형섭이를 잘 부탁한다. 보리, 화이팅!"

뒤집어진 이야기

오늘은 오랜만에 점자공부를 하러 복지관에 갔다. 쉬는 시간이 되어 새로운 훈련생들과 인사를 나누고 함께 차를 마시는데 한 선생님께서 오시더니 이렇게 말씀하시는 것이다.

"기현씨, 그 옷은 원래 그렇게 입는 거야?"

나는 당황하여 얼른 옷을 확인해보니, 아뿔싸! 이게 웬 망신이람. 아침에 윗도리를 뒤집어 입은 줄도 모르고 서둘러 외출한 것이다. 나는 얼른 화장실에 가서 옷을 고쳐 입고 아무렇지도 않은 얼굴로 돌아왔지만 속으로는 너무나 창피했다. 혹 아침에 누군가 날 보고 놀리진 않았을까…….

실수는 여기서 끝나지 않았다. 공부를 마치고 집에 오는데 배가 고파 근처 패스트푸드점에서 음식을 주문했다. 이것저것 주문해 먹다가 다시 카운터로 가서 몇 가지를 더 주문했다. 그리고 먼저 먹던 접시의 것을 버리고 돌아서는 순간, 아뿔싸! 이게 웬일!! 함께 먹으려고 두었던 샐러드 그릇을 잔돈으로 받았던 백 원짜리 동전 두개와 같이 모두 쓰레기통에 넣어버린 것이다. 나는 그냥 멍하니 서 있다가 자리에 앉았다. 눈이 보였더라면 이런 사소한 실수들은 하지 않았을 텐데……. 왜 이런 사소한 일들에 긴장해가며 힘들게 살아야 하는 걸까. 서글프면서도 한편으론 그저 어이가 없어 웃음이 나왔다.

시각장애인들의 실수담은 참 여러 가지다. 지난번에는 길에서 저시력 친구를 만나기로 하고 기다리다가 비슷한 사람이 오는 것 같아 너무나 반갑게 "아무개야!"하고 이름을 부르며 쳐다봤는데 그 사람이 멀뚱히 나를 쳐다보는 것이다. 나는 얼른 다른 사람인줄 알고, "죄송합니다. 제가 눈이 좀 안 좋아서요." 하고는 부끄러워서 그 자리를 피한 적도 있었다. 지금이야 웃으면서 이야기할 수 있지만 그때는 그런 작은 실수에도 마음이 상해서 필요 이상으로 심각해지곤 했었다.

눈이 보이지 않기 때문에 실수를 하는 경우도 있고 앞으로 자주 그럴 수밖에 없는 것이 현실이지만, 눈이 잘 보이는 사람들도 실수는 한다. 나 같은 시각장애인들은 그런 일이 있을 때마다 의기소침해지지 않고, 바깥출입과 세상 사람들을 만나는 것에 당당하게 도전해가는 것이 중요한 것 같다.

나를 감동시킨 선생님과 편견

국립서울맹학교 개교 90주년 행사에 다녀왔다. 국립서울맹학교는 교생실습을 하면서 인연을 맺은 학교인데 이번에 행사 소식을 듣고 교생실습 후 처음으로 방문하게 되었다. 2년 만에 학생들을 만나게 되어 설레었고 나를 잊지 않고 초대해주신 선생님들께도 감사했다. 학교를 찾아가는 발걸음이 마치 옛 고향에 가는 것처럼 설레고 두근거렸다.

기념식을 마치고 곧 재학생들의 클래식 연주와 합창순서가 시작되었다. 대다수의 시각장애인들은 음악을 좋아하고 음악에 특별한 재주가 있는 것은 알고 있었지만, 이렇게 학교를 사랑하는 마음으로 선후배가 모여 한마음으로 이루는 하모니는 형언할 수 없을 만큼 아름답고 감동적이었다. 식사를 마치고 2부 행사 공연이 이어졌는데 주로 졸업생들이 모여서 꾸몄다. 사물놀이, 선생님들의 성대모사로 구성된 콩트, 자작시 낭송 등 재미있는 순서들이 많았지만 가장 감동 깊었던 것은 서울맹학교 OB밴드의 신나는 재즈연주였다. 서울맹학교 OB밴드는 최영식 선생님의 땀과 애정이 실려 있는 밴드였다. 최 선생님은 서울맹학교 정교사가 아님에도 불구하고 봉사하는 마음으로 무려 27년 동안이나 시각장애학생들에게 드럼, 기타, 색소폰 등 많은 악기 연주를 지도해오셨다. 그동안 밴드부를 이끄시며 학생들 회식을 시켜주기 위해 중국집에 데리고 가면 일일이 학생들의 자장면을 다 비벼주신 후 자신의 것을 드셨기 때문에 항상 불어있는 자장면만 드셨다는 사회자의 멘트에 가슴이 뭉클해졌다. 최영식 선생님처럼 겸손하게 사랑을 실천하고 계신 분들이 계셔서 얼마나 감사한지 모른다.

그리고 특별 순서로 시각장애인을 위한 조각전이 있었다. 모든 조각은 손으로 만지며 체험할 수 있도록 제작되었고 작품마다 점자로 설명되어 있었다. 시각장애학생들에겐 단연 초콜릿으로 만든 비너스상이 가장 인기였다. 나는 뾰족한 가시가 가득 꽂혀있는 '편견의 한계'라는 의자 조형물이 가장 인상적이었다. 그 빽빽한 가시들은 눈으로 보기엔 길고 가느다란 쇠 가시처럼 생겼지만, 실제로 다가가 만져보면 아주 부드러운 소재의 고무 가시였다. 앞이 보이지 않는 장애인들은 편견 없이 그것을 만지고 그 위에 앉을 수 있었지만 실제로 정안인들은 자세한 설명을 듣기 전에는 손도 대지 못하고 바라만 보고 있게 된다고 하니 사람이 가진 편견이 얼마나 엉뚱하고 우스운 결과를 불러 올 수 있는지 생각해 볼 수 있는 작품이었다.

행사장 여기저기서 인사를 나누며 웃고 이야기 하는 사이, 나는 맹학교 졸업생은 아니지만 마치 졸업생의 한사람이 된 듯한 느낌을 가질 수 있었다. 사회에서 시각장애인들을 생각할 때, 약자 또는 무능하거나 아무런 즐거움도 없는 부류로 여길지 모른다. 그러나 오늘 나는 너무나 많은 시각장애인들이 뛰어난 재능을 가졌고, 각자의 위치에서 자신의 역할을 훌륭하게 펼치고 있다는 것을 다시 한 번 느낄 수 있었다.

축제 기분으로 즐겁게 보낸 서울맹학교 생일날, 좀 더 많은 시각장애인들이 오늘처럼 즐겁고 신나게 그리고 자신의 역량을 마음껏 펼치며 살 수 있는 기회가 자주 왔으면 좋겠다.

점자블록은 생명길이에요!

오랜만에 종로에 나갈 일이 있어서 친구와 함께 지하철을 탔다. 평일 오후라 지하철 안이 좀 한가한 줄 알았는데 역 구내, 플랫폼, 열차 안 어디나 사람이 많아서 나는 안내하는 친구 팔을 놓칠세라 꼬옥 붙잡고 길을 걸었다. 그때 저편에서 "딱! 딱!"하며 귀에 익은 흰 지팡이 소리가 들리는가 싶더니 시각장애인 한 분이 바로 우리 옆을 지나갔다.

그런데 한참 있다가 그 분이 길을 잃으셨는지 다시 우리 뒤쪽에서 앞을 향해 되돌아오시는 것이었다. 친구는 처음엔 가만히 지켜보다가 "아무래도 뭔가 잘못된 것 같아. 한 번 여쭤볼까?"하더니 그분께로 다가갔다.

"어디 찾으세요? 도와드릴까요?"

그분은 반가운 기색을 하시면서, 환승을 하려고 바닥에 있는 점자블록을 따라 걸었는데 점자블록이 잘못되었는지 아무리 따라가도 찾지 못하겠다고 했다. 우리는 그분을 환승하는 곳으로 안내하고 열차를 태워드리기 위해 같이 기다렸다. 이윽고 지하철이 들어오는 소리가 들리고 그분은 흰지팡이로 안내선을 감지하며 플랫폼 쪽으로 다가섰다. 그런데 열차 들어오는 소리가 너무 컸던 탓인지, 아니면 아까 길을 헤매다가 정신이 없어서 그랬는지, 안내선을 흰지팡이로 그냥 지나치시고 하마터면 플랫폼 바깥으로 미끄러져 떨어질 뻔했다. 다행히 그런 일은 발생하지 않았지만 친구는 놀라서 얼른, "너무 많이 가시면 안돼요!"라고 알려드렸다. 그분은 인사도 잊고 정신없이 지하철에 올라타셨고 곧 문이 닫혔다.

몇 달 전 안대를 착용하고 흰지팡이를 사용해서 보행훈련을 받았던 때가 떠올랐다. 아무리 보행에 자신 있고 촉각이 발달한 시각장애인이어도 지하철을 이용하면서는 한 번쯤 진땀을 흘려본 경험이 있을 것이다. 우선 바닥에 깔아놓은 점자블록이 체계가 없는 것이 가장 큰 문제다. 점자블록은 길의 진행 방향을 알려주는 선 블록과 교차점이나 특별 지명을 알려주는 점 블록으로 크게 나뉜다. 이것들이 제대로 잘 배치되지 않아서 실제로 흰지팡이 하나만을 가지고 보행하기는 많은 어려움이 있다. 또 바닥에 요철이 많아서 점자블록을 감지하기 힘들고, 정작 블록이 있어야 할 곳은 설치되어 있지 않기도 하고, 필요 이상으로 많은 곳도 있어서 보행을 혼란스럽게 하기도 한다. 특히 어려운 문제는 점자블록이 직각을 이루면서 설치되어야 한다는 점에서 쓸데없이 시각장애인들의 동선을 길어지게 하는 것이다. 바닥에 턱이나 계단 등이 없는 평지라면 간단한 벨소리로 방향을 알려주는 것도 좋은 아이디어가 될 것 같다. 예를 들어 매표소는 역의 입구 부근에 있는데 각 역마다 그 위치가 달라서 눈이 보이는 사람이야 바로 보고 한 번에 찾을 수 있지만 시각장애인은 바닥의 점자블록을 따라 직각으로 꺾어서 찾아가야 하기 때문에 보는 사람에게도 좋지 않고 불필요하게 많이 걷는 불편함이 있다.

그리고 플랫폼에는 안전대를 설치하면 어떨까? 시각장애인들이 승차 입구를 찾기 위해 흰지팡이를 많이 더듬어 찾지 않아도 될 것이고, 머뭇거리는 바람에 문이 닫혀버릴까 초조하여 서두르다가 실수하는 경우도 줄어들어 편안하게 지하철에 탑승할 수 있을 것이다. 가끔 시각장애인들의 지하철 추락사고 소식을 들으면서 안타까울 때가 많았다. 이런 안전대를 설치하든지 아니면 비시각장애인들이 관심을 가지고 탑승을 안내해준다면 사고는 일어나지 않았을 것이다.

모처럼 시내에 나가 이곳저곳 구경도 하고, 시각장애인 보행 환경에 대해서도 곰곰이 생각해볼 수 있었다.

기현이에게도 문자를 보내주세요!

평소 활동하던 온라인 장애인 동호회에서 시각장애인도 휴대폰으로 문자메시지를 확인할 수 있게 되었다는 소식을 듣게 되었다. 나는 처음엔 그게 정말일까 약간 의아했다. 컴퓨터의 내용을 소리로 들을 수 있게 된 것도 최근에 이루어진 일인데 휴대폰은 도대체 어떻게 문자를 읽어준다는 말인지……. 그런데 자세히 알아보니 개인 휴대폰에 따로 어떤 장치를 설치해서 소리를 듣는 것이 아니고 휴대폰 회사에서 서비스를 제공하는 방식이었다.

나는 일단 휴대폰 회사에 전화를 걸어 문자메시지 소리지원 서비스를 신청했다. 신청절차는 매우 간단했고 곧바로 서비스가 개통되었다. 잔뜩 기대하면서 친구들이 빨리 문자를 보내주길 기다렸다. 곧이어 한 친구로부터 문자가 도착했다. 나는 서비스 번호를 누른 뒤 다시 내 휴대폰번호를 입력하고 비밀번호를 눌렀다. 미확인 메시지가 도착했다는 안내가 나왔다. 다시 버튼을 누르니 스크린리더가 컴퓨터 화면을 읽어주는 것처럼 친구의 메시지를 읽어주었다.

"와! 세상에……."

정말 놀랍고 신기해서 몇 번이나 다시 들어보았다. 또박또박 메시지를 읽어준 뒤 회신번호와 도착 날짜와 시간까지 정확하게 들려주었다. 너무 기뻤다! 정안인들에겐 별거 아닐지 모르지만, 나로서는 자유롭게 문자 메시지를 주고받거나 친구들끼리 간단한 인사를 주고받을 때, 말로 직접 건네기 쑥스러운 말을 할 때, 약속을 정하거나 여러 명에게 동시에 메시지를 전할 일이 있을 때 등 문자 메시지는 매우 유용하다. 게다가 직접 통화할 때보다 가격도 저렴하고 간단한 글로 쉽게 소통할 수 있으니 최고의 절약형 메신저가 아닌가!

한술 더 떠서 내가 문자를 보내는 일에 도전해보기로 했다. 시각장애인들 가운데 자신의 휴대폰 메뉴와 버튼을 모두 외워서 문자를 능숙하게 보내는 사람들이 적지 않다. 평소 그런 분들을 참 대단하다고 생각하며 나도 실천에 옮겨보리라 다짐하고는 친구에게 사용법을 가르쳐달라고 부탁했다. 처음엔 각 버튼에 해당하는 글자가 무엇인지 헷갈리고 자꾸 손이 빗나가 다른 버튼을 누르는 바람에 내가 쓰고 싶은 문장을 만들기 어려웠다. 문자메시지 보내기 경력 열흘째가 돼가는 지금까지 여전히 그런 실수를 하지만 처음보다는 훨씬 나아졌다. 내가 직접 친구들에게 문자를 보내고 친구들이 보내준 문자를 읽고 답문을 전하게 되니 나보다 친구들이 더 좋아하는 것 같다.

예전에는 문자를 서로 주고받는 친구들이 부럽기도 하고 나한테는 문자가 잘 오지 않아서 소외감도 들었다. 그런데 이제 그동안 못

보낸 문자들을 다 보내주어서 그랬는지 문자가 너무 많이 와서 뿌듯하다.

오늘 참으로 감사한 마음이다. 과학기술의 발달로 장애인들도 비장애인들과 편리하게 소통하며 살 수 있는 시대가 한걸음씩 실현되고 있기 때문이다.

시각장애인들과 밥을 먹을 땐 이렇게

오늘은 친구들과 식사약속이 있었다. 약속 장소는 학교 근처 뷔페 레스토랑에 자리를 잡았다. 음식을 떠 오려고 친구와 같이 음식이 준비되어 있는 곳으로 향했다. 친구는 내 설명을 일일이 듣고 원하는 음식을 적당히 덜어주었다. 스프나 국 같은 국물은 행여나 흘릴까봐 친구들이 들어주었고 음식을 먹을 때도 먹기 좋은 크기로 작게 썰어주었다. 그리고 조개나 생선 같은 것들은 살을 발라주기도 했다. 가끔 그릇을 들고 다니면서 친구들이 이것저것 설명할 때 우리를 좀 이상한 눈으로 보는 사람들도 있었지만 아랑곳하지 않고 더 맛있는 음식이 없는지 열심히 찾아다녔다.

실명을 하고 겪는 여러 가지 변화 중의 하나가 음식을 먹는 일이다. 내 앞에 어떤 음식이 있는지도 확인이 안 되어 먹을 때마다 같이 먹는 누군가가 이야기해줘야 했다. 처음엔 가족과 주변 사람들이 적응이 안 되어 설명해주는 것을 잊고 식사를 하는 경우가 있었다. 매번 설명을 해달라고 하기도 민망하고 속으로 야속하게 생각했던 적도 있었다. 또 시계방향으로 몇 시 방향엔 뭐가 있다는 식으로 설명해주면 편할 텐데 앞, 옆과 같이 모호하게 알려주거나 그릇을 젓가락으로 치면서 이야기할 땐 기분이 상하기도 했다.

밖에서 혼자 식사를 할 경우도 난처한 일이 많다. 식당에 들어서서 자리를 찾는 일이 어려워서 긴장하곤 하지만 더 중요한 것은 무엇을 먹을까를 결정하는 일이다. 자주 가는 식당이야 어떤 메뉴가 있는지 아니까 그냥 주문하면 되지만 처음 가는 식당에서는 무슨 음식이 있는지 알 수 없어서 난처할 때가 있다.

지금은 시각장애인이 된 지 시간이 좀 흘러서 처음 보는 음식점에도 혼자 잘 들어가서 음식 메뉴에 대해 묻고 스스럼 없이 주문한다. 그럴 때면 친절히 설명해주고 물을 가져다주는 좋은 분들도 계시지만 이상한 눈으로 한참을 보고 혹 동냥을 하거나 물건을 팔러 온 사람이 아닌가 의심하며 엉뚱한 취급을 하는 경우도 더러 있었다.

그래서 시각장애인 가운데는 절대 혼자 식사하러 가지 않고, 가게 되더라도 아는 곳만 다닌다는 분들도 계신다. 그런 이야기를 들으면 좀 속상하다. 식사는 하루 일에 필요한 에너지를 공급하면서 그 자체로도 얼마나 큰 즐거움인가? 왜 시각장애를 가졌다고 해서 음식 먹는 일까지 불편함을 겪어야 하는지⋯⋯. 식사할 때 시각장애인에게 친절히 설명하는 작은 배려와 곁에서 지인이 식사를 거드는 모습을 자연스럽게 인식하는 것 그리고 식당에서 먼저 장애인들의 식사를 돕는 것이 복지사회로 가는 첫걸음이 아닐까?

오늘 나는 앞에서 나를 위해 고기를 썰어주고 가시를 발라주면서 전혀 어색해하지 않는 친구들과 함께 있다는 사실에 새삼 감사했다.

영어학원에 다시 등록하다

아침부터 기분이 설레었다.

그동안 1년쯤 기초재활훈련을 받느라 잠시 미뤄둔 영어회화 공부를 다시 시작하는 날이기 때문이다. 미리 준비한 교과서와 영어 학습을 위해 특별히 마련한 녹음기를 함께 챙겼다.

'같은 반 학생들과 선생님께서 나를 좀 이해하고 잘 도와주셔야 할 텐데……'

대학시절 매학기 새로운 수업을 들을 때마다 떠오르는 긴장감과 약간의 불안함을 다시 느꼈다. 게다가 영어 수업시간에 원칙적으로 우리말을 쓰지 못하게 되어 있어서 긴장이 더했다.

곧 교실 안으로 선생님이 들어오시고 자신을 소개하셨다. 이어서 수강생들이 돌아가면서 자신을 소개하는 시간을 가졌다.

나는 자기소개 시간마다 꼭 내가 시각장애인임을 이야기 한다. 그리고 왜 눈이 안보이게 되었는지, 어느 정도의 도움이 필요한지를 될 수 있으면 자세히 말한다. 그래야 수업시간에 책과 칠판을 보지 못해도 옆 사람의 도움을 요청할 수 있고, 지나가다 내가 미처 보지 못해 인사를 못하는 경우가 발생해도 날 무례한 사람으로 오해하는 일이 없기 때문이다.

전에 5개월 정도 영어학원을 다녀본 적이 있었는데 나는 처음부터 솔직하게 내 상황을 소개했고 덕분에 착한 친구들도 여러 명 사귀어서 교과서를 읽어주거나 수업시간에 나눠주는 프린트물을 읽어주면서 노트도 빌리고 같이 공부를 잘 할 수 있었다. 선생님들도 내가 열심히 하는 모습을 격려하시고 다른 친구들이 좀 바쁠 땐 직접 옆자리에 앉아서 책이나 프린트물을 읽어주시고 파트너가 되어 회화연습도 같이 하곤 했다. 그럴 때면 선생님과 친구들께 솔직히 좀 미안하기도 하고 못하는 영어실력이 그대로 다 드러나 부끄럽기도 했지만, 참 재미있게 공부했던 기억이 난다. 다행히 이번 수업도 옆자리에 친절한 친구들이 앉아서 나를 잘 이해하고 도와주었다.

그런데 조금 속상한 일이 발생했다. 수업시간에 교과서에 나온 빈칸 채우기 문제를 그 자리에서 풀어보라고 선생님께서 말씀하셨는데 옆자리에 앉은 친구가 그 말을 못 알아들었는지 그냥 가만히 있다가 자기만 문제를 풀기 시작한 것이다. 이전의 반 친구들이었으면 좀 더디더라도 같이 읽어나가면서 함께 풀었을 텐데……. 그 친구가 잘 몰라서 그러려니 했지만, 더 심한 건 선생님이었다. 돌아가며 학생들에게 답을 확인하시는데 선생님이 내 이름을 한 번 부르시더니 금세 다른 사람이 대신 답을 해보라고 그러시는 거다. 어려운 문제가 아니어서 선생님이 날 위해 한 번만 문제를 읽어주시고 알맞은 단어를 빈칸에 넣어보라고 하면 간단한 것이었는데……. 나는 옆 친구와 선생님께 다소 서운한 마음이 들었다.

수업이 끝나고 교무실에 가서 선생님께 말씀을 드렸다. 조금만 더 읽어주시면 내가 혼자서 문제를 풀 수 있고, 다른 친구들처럼 작문하고 발표하는 것도 손으로 쓰지는 못하지만 머릿속으로 생각했다가 충분히 말로 발표할 수 있으니 그런 내용의 수업에서 함께 참여할 수 있도록 배려해주시길 부탁했다. 선생님은 미안해하시며 아까는 시간이 부족해서 그랬노라고 사과하셨다. 나는 첫 수업 시간이고 선생님께서 나와 같은 시각장애인 학생을 가르쳐 본 경험이 없다고 하여 잘 말씀드리고 헤어졌다.

돌아오는 길에 생각했다. 내 인생의 앞날에 맞닥뜨릴 수밖에 없는 크고 작은 걸림돌들이 분명히 많을 것이다. 이젠 사소한 일들에 대해서는 아무렇지 않게 넘어가고 상대방을 잘 이해시킬 정도가 되었다. 아직 많은 부분에서 장애인들이 공부하거나 일하는 것에 대한 인식과 이해가 부족한 것이 사실이다. 매번 이런 일들을 피부로 실감하면서 때론 지치기도 하고 마음이 가라앉기도 한다. 장애인들의 자립생활이 점차 확산되고 있는 요즘, 우리 장애인들의 용기와 투지도 필요하지만 동시에 우리 사회의 비장애인들에 대한 관심과 이해도 함께 뒷받침돼야 하지 않을까…….

시각장애인의 능력과 미래

며칠 동안 어깨가 너무 아파 고생을 했다. 가만히 앉아 있어도 어깨와 등이 불편해서 꾸부정한 자세로 앉게 되고 잠자리에 누워도 끙끙 앓느라 잠들기가 힘들었다. 2년 넘게 들고 다닌 노트북이 화근이었다. 시험공부와 유학 준비 등 해야 할 일이 산더미인데 어깨가 너무 아파서 도저히 견딜 수 없겠다 싶어 교회 장로님께서 운영하시는 지압원을 찾았다.

전혀 앞을 못 보시는 전맹 시각장애인 장로님은 치료실에서 훤히 다 보시는 것처럼 능숙하게 다니시며 환자들을 치료하셨다. 드디어 내가 치료받을 차례가 되어 침대에 몸을 누이고 진찰을 받기 시작했다. 장로님은 몇 번 어깨를 주무르시며 진찰하시더니 무거운 것을 계속 들고 다니고 긴장을 많이 해서 어깨 근육이 부분적으로 심하게 뭉쳐있다고 하셨다.

그럼 그렇지! 그 동안 무거운 노트북을 들고 동분서주하며 영어 공부하고 대학원 공부하느라 고군분투했으니 내 어깨가 성하다면 그것이 더 이상한 노릇이었다. 게다가 시각장애인이 된 이후 아무래도 실명 전보다는 몸에 불필요한 힘을 주거나 긴장하게 되는 경우가 많아 여기저기가 쑤시고 아팠었다.

나는 장로님께 내 어깨와 팔, 등을 모두 맡긴 채로 편안히 누워 지압을 받았다. 역시 지압 베테랑인 분이라 능숙한 솜씨로 치료해 주셨다. 처음부터 지압을 세게 하면 몸살이 나기 쉽기 때문에 치료는 천천히 그리고 체계적으로 내 몸에 맞게 이뤄졌다. 약 40여분 동안 지압을 받고 난 뒤 신기하게도 어깨와 등이 너무나도 시원했다.

음, 뭐랄까, 어깨와 등에 가득 지고 다니던 눈에 보이지 않는 큰 짐을 벗어버린 기분이랄까. 정말 신기했다. 정성어린 장로님의 치료를 2주 넘게 받으면서 내 어깨와 등은 원상태로 거의 회복이 되었다.

어떻게 보면 시각장애인은 다양한 장애인들 중에서도 축복을 받은 사람이 아닌가 싶다. 비록 제일 중요한 감각인 시력은 없지만 뛰어난 손끝 촉감으로 기술을 배워서 지압, 안마, 침술 등의 분야에서 당당하게 우리 사회에 필요한 역할을 해나가고 있기 때문이다. 잘못된 사회인식으로 안마가 퇴폐적인 행위로 알려져 있거나, 앞이 안 보이는 시각장애인이 어떻게 침을 놓느냐는 우려의 소리 등 사회적 장벽이 잔존하는 것도 사실이다. 하지만 그건 정말 말 그대로 오해

일 뿐이라고 생각한다.

　실제로 우리나라가 광복되기 전에 오랜 세월 동안 시각장애인들만이 침을 놓아왔다는 역사적 사실을 아는 사람은 그리 많지 않을 것이다. 그리고 시각장애인이 시술하는 안마와 지압은 절대로 퇴폐적이지 않고, 정확한 몸의 혈 자리를 알고 과학적으로 시술하는 것인데, 일부 퇴폐업소로 인해 안마의 인식이 좋지 않게 변질된 것이 안타깝다.

　아직도 대다수의 시각장애인들은 어려운 중에도 열심히 공부하며 기술을 익히고 직업 일선에 나서고 있다. 사회적으로 시각장애인들이 가진 직업에 대해서 좋지 않은 시선을 보내고, 시각장애인들 스스로 일어설 수 있는 직업의 장을 점점 압박하진 않았는지 돌아봐야 한다.

시각장애인에게 불편한 물건과 환경

점차 실명이란 상황에 익숙해지고 다른 잔존 감각을 사용해서 하나하나 일상생활에 적응해가고 있다. 하지만 시력 없이 살아가는 것에 익숙해져도 도저히 어쩌지 못하는 일상생활에서의 불편은 참 많이 있다.

먼저 이동상황을 생각해보자. 시력을 완전히 잃은 어떤 시각장애인 한분은 실명한 지 거의 20여년이 지난 지금까지도 길을 찾거나 걸을 때면 너무나 긴장하게 되고 힘들다는 말씀을 하신다. 보행기술이 없어서도 아니고 본인 스스로 시각장애인인 사실을 받아들이지 못해서도 아니다. 길에 꼭 있어야 할 점자블록이 제대로 갖춰져 있지 않고 잘못 설치되었거나 혼란을 주는 장소들이 많아서 도저히 흰지팡이만으로는 단독으로 보행하기가 어렵다는 것이다. 더욱 안타까운 일은 제대로 갖춰진 점자블록이라 해도 길에서 물건을 내놓고 파시는 분들이 그 위에다 물건을 늘어놓거나 광고판을 설치한 경우도 많고 점자블록을 잘 따라가다 보면 인도 위 차량진입을 막기 위해 설치한 주차금지시설에 그대로 무릎이나 정강이를 찧게 되는 경우도 적지 않다고 한다.

지하철 승강장 사고는 또 얼마나 잦은지, 시각장애인 이외에도 승강장과 차량 사이의 공간이 너무 넓어 그대로 추락하는 취객이나 일반 행인들도 많은 것을 보면 정말 지하철 내 안전시설은 하루빨리 전 지역에 설치해야할 과제가 아닌가 생각한다.

그리고 투명 유리문이나 문을 반 정도 열어놓은 출입문도 시각장애인의 보행에서 잦은 사고를 불러일으킨다. 잘 닫혀있는 문이 시각장애인들의 보행을 안전하게 하는 문이란 사실을 염두에 두었으면 좋겠다.

가정생활에서 우리 시각장애인들이 겪는 불편함도 한두 가지가 아니다. 요즘 나오는 세탁기, 에어컨, 전기밥솥 등을 보면 작동버튼이 겉으로 나와 있지 않고 평평한 면 위에 글씨만 쓰여 있다. 눈으로 직접 보지 않고는 도무지 작동하기 힘들게 되어 있는 것들이 대부분이다. 버튼 글씨 위에 점자가 찍혀 있는 것도 아니고 몇 번 누를 때마다 선택하는 기능들이 바뀌어 누가 옆에서 봐주지 않고는 시각장애인 혼자서는 사용하기 힘든 구조가 대부분이다.

미국과 캐나다 등 선진국에서는 '유니버설 디자인'이라고 해서 장애인과 노약자를 포함한 모든 사람들이 사용할 수 있는 기능과 디자인을 고안해서 제품을 만들거나 건물을 짓는다는 얘기를 들었다. 즉, 장애인과 노약자에게 불편함을 주지 않고 모든 사람들이 편리하게 사용할 수 있는 '유니버설 디자인'이 아니면 처음부터 제품생산이나 건축 허가에 제제를 가한다는 것이다.

며칠 전 한 친구의 집에 갔다가 TV 리모컨 위에 대일밴드 같은 것을 겹쳐서 붙여놓은 것을 발견했다. 이상해서 그 이유를 물으니 할머니께서 노안으로 눈이 침침해 TV 리모컨을 잘 사용하지 못하셔서 전원 버튼 부위에만 표시해놓은 것이라고 했다. 요즘의 물건들을 잘 살펴보면 사용 가능한 대상이 참 제한적이고 장애인은 아예 고려조차 하지 않고 물건을 제작하는 듯해 안타까울 때가 많다.

잠시 우리 주변의 물건과 환경을 유심히 관찰해보자. 휠체어가 진입할 램프도 없이 계단과 턱이 있는 식당, 극장, 슈퍼마켓 그리고 점자가 찍혀 있지 않아 일일이 도움을 받아야하는 목욕탕이나 수영장, 탈의실 등 얼마나 많은가? 건물 입구의 출입구 오픈 버튼 위치는 어린아이 손에도 닿을 수 있는 위치인지, 시각장애인이 스스로 누를 수 있도록 점자는 찍혀 있는지……. 생각해보면 정말 너무나 많은 부분에서 많은 노약자와 장애인이 소외되어 있다는 것을 발견할 수 있을 것이다.

남편의 편지

사랑하는 나의 아내에게

사랑하는 기현아!

우리 처음 만났을 때 자기는 예쁘고 키도 크고 똑똑하고 가식 없고 솔직하고 당당한 모습이었지. 그런 기현이의 모습을 보고 있으면 나는 괜스레 초라한 느낌이 들었고, 자기와 같은 여자 친구가 있으면 정말 소원이 없겠다는 생각이 들었어. 그리고 이렇게 기도했어. 기현이를 나의 배우자로 허락해주시면 나의 모든 마음을 다해 사랑하겠노라고……. 결국 우리는 많은 분들의 축복 속에 결혼했고, 힘든 유학 중에 예쁜 아기도 낳은 것을 보면서 정말 하나님은 우리의 기도를 모두 들어주시는 분임을 새삼 깨닫게 되었어.

미국에 와서 공부하느라 많이 힘들지? 대학원 공부와 인턴 생활 그리고 영어 못하는 남편을 챙기면서 예승이까지 임신한 자기가 얼마나 힘들었을까……. 그래, 자기 힘든 거 내가 왜 모르겠어? 곁에서 아무 것도 해주지 못하는 내가 얼마나 한심하고 답답했는지 몰라.

자기에게 미안하다는 말도 잘 못하고 말이야. 부족한 남편이지만 내가 최선을 다하면 기현이가 공부하면서 타국 생활하는 데 도움이 되겠지 했지만 별로 도움이 되지 못한 것 같아 정말 미안하고 또 미안해.

내가 해줄 수 있는 건 밥 차려주고 설거지하고 청소하고 빨래하는 것 밖에 없는 것 같아. 요리책 펴놓고서 사랑하는 자기가 맛있게 먹는 상상을 하며 오늘은 뭘 만들어 줄까, 내일은 무슨 요리를 할까 고민할 때마다 조금 어렵긴 해도 정말 재밌고 즐거워. 처음엔 자기한테 야단도 많이 맞았잖아. 두부는 이렇게 썰어야 한다, 찌게 맛이 왜 이러냐, 밥이 왜 없냐, 반찬은 이것밖에 없냐, 왜 이렇게 느리냐…… 등등. 처음엔 사실 좀 힘들었어. 내가 언제 밥을 해보고 반찬을 만들어 봤어야지 말야. 지금은 자기가 어떤 음식을 먹고 싶어하는지 말하면 뚝딱 잽싸게 만들어 주잖아! 맛은 어떤지 몰라도 갈비찜, 육개장, 김밥, 곰탕, 쫄면, 자장면, 짬뽕까지…… 나름 괜찮았던 것 같아. 자기는 내가 실망할까봐 맛이 없어도 "맛있다. 정말 맛있다. 이거 갖다 팔아도 되겠다." 말해줘서 나는 정말 그렇게 맛있는 줄로만 알고 있어. 고마워, 자기야. 그래서인지 요즘 난 요리하는 거 정말 즐겁고, 더 맛있게 해주고 싶고, 색다른 음식도 만들어 주고 싶고 그래. 살림하는 것도 아직 초보지만 하루가 다르게 발전하는 내 모습을 발견하는 것 또한 너무 신기하고 그래.

워낙 덜렁대고 대충 대충인 나에 비해 자기는 꼼꼼하고 철저해서 내가 배울 점이 아주 많아. 그리고 이제는 혼자가 아니고 가장으로서 책임감 있고 든든한 남편이자 아버지로 살자면 자기관리의 지혜가 필요한 것 같아. 기현아! 내가 더 노력할게. 항상 말로만 그런다고 생각하지 말고 조금만 더 기다려줘. 자기 성격이 좀 급하긴 하잖아? 조금 느긋하게 마음먹고 기다리다 보면 우리 가

✽ 수련회에서 함께 성극하는 모습

족에게 더욱 멋진 슈퍼 가장이 되어있을 거야. 정말 슈퍼맨이 되어야 이제 우리 큰 애기와 작은 아들도 함께 키우지. 우리 아들 너무 예쁘지? 아빠인 내가 보기에도 너무나 사랑스러워. 물론 자기보다는 덜하지만 말이야. 자기, 너무 기특하고 고맙고 사랑해. 내가 어떻게 이런 여인을 아내로 맞을 수 있었는지 정말 하나님이 나를 너무나 사랑하시나봐.

하나님 감사합니다. 제게 사랑하는 아내와 사랑하는 아들을 주셔서 너무나 감사합니다. 연약하고 겸손하지 못한 저희를 눈동자처럼 지켜주시고 사랑으로 모든 것을 감싸주신 하나님, 사랑합니다. 이제 사랑하는 아내와 아들의 가장으로서 가족과 함께 그 어떤 고난과 역경에도 당당하게 견뎌갈 것이며 승리하도록 노력하겠습니다. 하나님의 말씀으로 살아가는 가정, 기도하는 가정, 항상 감사하는 가정이 되도록 더욱 힘쓰겠습니다.

그리고 자기야! 예승아! 사랑한다. Forever~!

●●●●●

에필로그 Epilogue

마음의 눈

저는 지금 보스턴에서 건강한 아들을 낳아 사랑하는 아들 '예승' 이의 엄마가 되었습니다. 첫아기를 만난 후 하루하루가 얼마나 설레고 기쁜지, 아이를 낳아 길러본 부모님들은 잘 아실 것입니다. 임신 사실을 알게 된 그날 이후로 몸가짐과 언행에 조심하고 기도하는 마음으로 태중의 아이를 생각하며 열 달을 보냈습니다. 아기는 어떻게 생겼을까, 엄마와 아빠 중에 누굴 더 닮았을까, 어떤 아이로 자라게 될까…….

책을 내는 과정 역시 아기를 임신하여 출산하는 과정과 매우 흡사함을 느낍니다. 원고를 쓰기로 결심하기 전부터 많은 기도가 필요했고, 한 장 한 장 제 삶을 진실하게 표현하고자 애쓰면서 마치 엄마가 아기를 생각하는 것처럼 조심스럽고 설레었습니다. 출간을 얼마 남겨두지 않은 지금의 심정은 마치 첫아이를 낳는 엄마의 마음처럼 기쁘고 두근거립니다.

오늘 문득 제가 실명하기 전의 모습을 떠올려보았습니다. 마음껏 보고 싶은 책을 읽고, 영화도 보고, 텔레비전에 나오는 연예인들에 관해 친구들과 도란도란 이야기도 하고, 옷을 사거나 물건을 고르는 등의 일이 다른 사람의 도움 없이 자연스럽게 가능했었죠. 기분이 울적한 날엔 혼자서 사람들이 붐비는 시장이나 거리를 쏘다니기도 했고, 무료한 날에는 도서관에 앉아서 이런 저런 잡지를 들춰보기도 하고⋯⋯. 아, 이렇게 옛날 일을 떠올리다보니 유난히 색색의 볼펜으로 일기장과 수첩을 꾸미며 기록하기를 좋아하던 예전의 취미도 생각나네요.

실명을 선고 받은 뒤 저는 참으로 두려웠습니다. 눈으로 보면서 판단하고 생활하고 느끼는 것이 자연스러웠던 제가 어느 날 갑자기 보지 못하게 된 현실은 말로 형용할 수 없는 두려움과 낯설음이었죠. 앞이 보이지 않는 것만큼 다른 사람의 도움을 필요로 하는 삶을 받아들여야 한다는 사실이 숨 막히고 답답했습니다. 무엇보다 20대에 들어서자마자 엄청나게 달라진 현실을 스스로 생각하고 결정하고 판단해야 하는 일은 무척이나 고통스러웠습니다. 실명 후 병

．．．．．．

원에 있을 때는 엄마가 밥을 먹여 주셨는데 퇴원 후 집에서 밥을 먹는데 숟가락 젓가락질을 하며 더듬더듬 식사를 하는 것이 정말 먹어도 먹은 것 같지 않고 배가 부른 건지 고픈 건지 씹고 있는 음식 맛이 어떤지 도무지 느껴지지가 않았습니다. 참, 이상하죠? 음식을 먹는 건 입으로 하는 일이라 시력과는 별 관계도 없을 것 같은데 막상 보지 않고 먹으려니 이상한 느낌이 들었던 기억이 납니다. 어디 그뿐인가요? TV를 봐도 배우들의 표정을 볼 수 없으니 아무리 가족들이 옆에서 설명해주어도 이전에 제가 눈으로 보며 알고 느끼던 감정과는 사뭇 달랐어요. 사람들을 만나도 눈빛과 표정만으로 통하던 그런 느낌들이 하루아침에 사라져버린 그 쓸쓸한 기분이랄까, 왠지 모를 공허함과 함께 나 자신을 통째로 잃어버린 것 같은 혼란스런 기분을 지금도 가끔 느끼곤 합니다.

몸이 천 냥이면 눈이 구백 냥이란 말처럼 사람은 보는 것으로 인해 배우고 알고 관계를 쌓으면서 자신의 세상을 만들어가는 존재라고 해도 과언이 아닐 것입니다. 그렇게 중요한 시력을 잃었지만 차츰차츰 눈이 아닌 다른 감각을 이용해서 살아가는 방법을 익혀나가고 익숙해졌습니다. 귀로 들으면서 공부하는 일에도 담담해졌고

손끝으로 느끼며 해나가는 일상생활도 적응이 되어갔습니다. 그런데 유난히 사람들의 얼굴과 표정을 보고 싶다는 욕구는 오랜 시간이 지나도 잘 사라지지 않습니다. 간혹 가까운 사람들의 얼굴은 양해를 구하고 손으로 더듬어가며 느껴보기도 했지만 그들이 만드는 미묘한 표정은 손으로는 알기 어려우니까요. 남편과 조카들의 웃는 얼굴은 어떨까, 자랑스러운 얼굴, 화난 얼굴, 부끄러운 얼굴, 무안하거나 억울한 얼굴, 놀란 얼굴, 행복한 얼굴 등 참으로 알고 싶고 보고 싶습니다. 우리 부모님과 언니들 그리고 내 얼굴은 지금 얼마나 변했을지 궁금하고, 여전히 텔레비전이나 영화에 나오는 주인공의

얼굴도 궁금합니다. 그리고 우리 교회 목사님께서 설교하시는 표정,
친구들의 다정하고 장난기어린 표정들도 너무 궁금합니다.

그런데 정말 이상한 일이 일어났습니다. 우리 아들 예승이가 태어
난 지 20여일이 지난 오늘, 저는 예승이를 아주 간절하게 보고 싶어
하지 않는다는 사실을 깨닫고 조금 놀랐습니다. 이 세상 누구보다
도 사랑스럽고 소중한 제 아들 예승이의 얼굴과 표정을 간절히 보
고 싶어야 정상인데 왜 나는 그토록 간절하게 예승이의 얼굴을 보
고 싶어 하지 않을까? 내가 매일같이 예승이의 얼굴과 등, 손과 발
을 손으로 만지작거리고 냄새를 맡고 눈에 가까이 대고 봐서 그렇
게 간절하게 보고 싶다는 생각이 들지 않는 걸까? 어머니와 남편 그
리고 주위의 친구들이 예승이의 생김새와 표정을 생생하게 묘사해
주어서 내가 보는 것처럼 착각하고 있는 걸까? 아니면 아무리 간절
히 보길 원하여도 안 보이는 것을 너무나 잘 알기에 아예 나도 모르
는 내면 깊은 곳에서 보고자하는 욕구가 저절로 사라져버린 걸까?
정말 이해가 잘 되지 않는 일입니다.

그때 제 깊은 마음 구석에서 어떤 음성이 들려왔습니다.

"마음으로 보고 있잖아!"

그 음성은 태어난 지 21일이 된 아들 예승이의 목소리 같았습니다. 저는 곰곰이 '마음으로 보고 있다.' 이 말을 생각해봅니다. 조금 깊이 생각해보니 저는 정말로 마음으로 아들 예승이를 보고 있었습니다. 저의 모든 마음과 생각, 사랑을 갓 태어난 예승이에게 집중하니 저는 예승이를 눈으로 보지 않아도 마치 다 보고 있는 것처럼 마음으로 느끼고 있었던 것입니다. 마음으로 예승이가 무엇을 원하고 바라는지, 어떤 표정인지 저는 알고 있습니다.

저는 다시 생각했습니다. 앞이 안 보여서 늘 사람들의 얼굴을 못 본다고만 생각하고 살았는데 실상은 보고 있는 것처럼 느낀 적도 많았다는 걸 뒤늦게 깨달았습니다. 분명 눈은 안 보이는데 온 마음을 기울여 사람들을 대하고 생각하고 들으면 시각장애인이어도 표정과 모습을 느낄 수 있습니다.

저는 다시 즐거워졌습니다. 바로 이런 것이 '마음의 눈'이라고 부르는 것이 아닐까요? 예승이를 낳기 전에는 단어로만 존재하던 마음의 눈이란 것이 바로 이런 것이구나, 내가 새롭게 얻게 된 바로 그 눈이구나 하는 기쁨이 생긴 것입니다.

이 마음의 눈으로 세상과 이웃을 바라봅니다. 가만히 마음으로 대하고 생각하니 그동안 내가 느껴보고 싶었던 가족과 친구들의 모습, 이웃들의 웃는 얼굴, 사랑스런 얼굴들이 마음속에 환하게 그려집니다. 저는 세상의 빛을 잃었지만 새로운 마음의 빛을 얻었습니다. 제가 잃은 빛은 건강한 시력을 가진 분들은 모두 볼 수 있는 빛이지만 제가 얻은 마음의 빛은 하나님이 택하신 사람이 볼 수 있는 진리의 빛입니다. 저는 이 진리의 빛을 절망과 고통에 시달리는 많은 장애인들과 여러 이웃들에게 소개해드리고 싶습니다. 제가 한창 푸른 나이에 시력을 잃고 지금 이렇게 현실을 견디고 이겨내고자 하는 힘은 사람의 힘이 아니라 하나님이 주신 힘이란 것을 알려드리고 싶습니다. 제 글이 많은 중도 장애인들에게 마음까지 장애를 입지 않도록 희망을 드릴 수 있는 도구가 되기를 소망합니다. 예승이를 키우면서 학업을 무사히 마치고 한국에 돌아갈 그날을 그려봅니다. 누구보다도 행복한 가정을 이루었고 힘든 이웃들에게 도움이 되는 영향력을 끼칠 수 있는 기현이로 자라갈 것입니다. 제가 새롭게 얻은 마음의 눈으로 여러분들을 볼 수 있기를 기대하면서요.

끝으로 제 책을 읽으신 독자 여러분들을 축복하며 항상 용기를 잃지 않고 희망을 향해 달려갈 수 있기를 기도합니다.

❀ 예승이와 함께

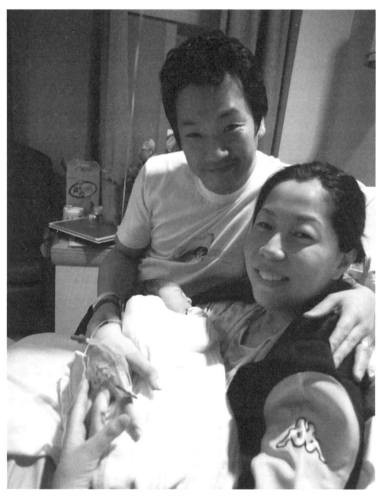

마음의 눈으로 행복을 만지다

1판 1쇄 발행 2008년 3월 25일
1판 8쇄 발행 2019년 6월 10일

지은이 김기현
펴낸이 김정주
펴낸곳 ㈜대성 Korea.com
등 록 제300-2003-82호(등록일 2003년 5월 6일)

주소 서울시 용산구 후암로 57길 57 (동자동) ㈜대성
대표전화 (02) 6959-3140 | 팩스 (02) 6959-3144
홈페이지 www.daesungbook.com | 전자우편 daesungbooks@korea.com

ⓒ 김기현, 2008
ISBN 978-89-92758-19-2

이 책의 가격은 뒤표지에 있습니다.
잘못 만들어진 책은 구입하신 곳에서 바꾸어 드립니다.

이 도서의 국립중앙도서관 출판시도서목록(CIP)은 e-CIP
홈페이지(http://www.nl.go.kr/cip.php)에서 이용하실 수 있습니다.
(CIP제어번호: CIP2008000869)